El secreto de la SOMBRA

fluyó con tranquilidad.

mpme73@me.com

Te de tulsi y capsula de Albacan Santa

Mahanila oil: Cabello saludable

Bhallataka lauha: digestivo
perdida de
apetito
Estomacal

Alma Espejo
2013

DEBBIE FORD

El secreto de la **SOMBRA**

Cómo reconciliarte con tu propia historia

EDICIONES OBELISCO

Si este libro le ha interesado y desea que le mantengamos informado de nuestras publicaciones, escríbanos indicándonos qué temas son de su interés (Astrología, Autoayuda, Ciencias Ocultas, Artes Marciales, Naturismo, Espiritualidad, Tradición...) y gustosamente le complaceremos.

Puede consultar nuestro catálogo en www.edicionesobelisco.com

Colección Psicología
El secreto de la sombra
Debbie Ford

1.ª edición en este formato:
octubre de 2010

Título original: *The Secret of Shadow*

Traducción: *Verónica d'Ornellas*
Maquetación: *Text Gràfic*
Corrección: *Leticia Oyola*
Diseño de cubierta: *Enrique Iborra*

Edita: Ediciones Obelisco S. L.
Pere IV, 78 (Edif. Pedro IV) 3.ª planta 5.ª puerta
08005 Barcelona-España
Tel. 93 309 85 25 - Fax 93 309 85 23
E-mail: info@edicionesobelisco.com

Paracas, 59 C1275AFA Buenos Aires - Argentina
Tel. (541 -14) 305 06 33 - Fax (541 -14) 304 78 20

ISBN: 978-84-9777-705-6
Depósito Legal: B-35.002-2010

Printed in Spain

Impreso en España en los talleres de Novoprint
c/ Energía, 53, St. Andreu de la Barca, 08740 Barcelona

A mi querido segundo padre, Howard J. Fuerst, doctor en medicina.
Qué inmenso regalo recibí cuando llegaste a mi vida.
Gracias por todo el cariño, el amor y la gracia
que trajiste a mi familia, al mundo y a mí.
Has de saber que te echamos
mucho de menos.

1

Tú y tu historia

Imagina que al nacer sabes que vas a ser un maestro, o una maestra, que eres sumamente poderoso, que posees unos dones inmensos y que lo único que necesitas para poder entregar tus dones al mundo es tu deseo. Imagina que llegas a este mundo con el corazón lleno del poder sanador del amor y que lo único que quieres es entregar ese amor a los que te rodean. Imagina que tienes una habilidad innata para crear y que tienes todo lo que deseas y todo lo que necesitas. ¿Es posible que en algún momento dado en tu vida hayas sabido que no había nadie como tú en el mundo? ¿Y que en cada fibra de tu ser supieras que no sólo poseías la luz del mundo, sino que además eras la luz del mundo? ¿Es posible que en algún momento supieras quién eras a un nivel muy profundo y que te regocijaras en tus dones? Ahora, tómate unos minutos y fíjate si puedes recordar algún momento en el que supieras la verdad sobre quién eres realmente.

Entonces, ocurrió algo. Tu mundo cambió. Algo, o alguien, arrojó una sombra sobre tu luz. A partir de ese momento, temiste que tú y tu preciado don ya no ibais a estar a salvo en el mundo. Sentiste que si no ocultabas tu don sagrado podrían maltratarlo, dañarlo o quitártelo. En lo más profundo de ti, sabías que este don era un niño (o una niña) precioso e inocente que debías proteger. Entonces hiciste lo que haría cualquier buen padre o madre: ocultaste toda tu magnificencia muy dentro de ti para que nadie pudiera descubrirla jamás, para que nadie pudiera hacerle daño o quitártela. Luego, con la creatividad de un niño, la disimulaste. Creaste una actuación, una persona, un drama, una historia para que nadie sospechase jamás que eras el guardián de tanta luz. Fuiste muy listo –brillante, en realidad– al ocultar tu secreto. No sólo convenciste a los demás de que no eras eso, sino que también te convenciste a ti mismo, y lo hiciste porque estabas siendo un buen padre del don que tenías. Era tu secreto, tu secreto profundo y oscuro, que solamente tú conocías. Fuiste tan creativo que manifestaste exactamente lo opuesto a aquello que en realidad eres, para poder protegerte de las personas que pudieran sentirse molestas o furiosas por tus dones innatos.

Pero cuando llevabas días, meses y años ocultando tu valioso tesoro, empezaste a creerte tu historia. Te convertiste en el personaje que habías creado para proteger tu secreto. En ese momento olvidaste que tú habías enterrado tu valioso don. No sólo olvidaste dónde lo habías ocultado, sino que además olvidaste que lo habías ocultado. Tu luz, tu amor, tu grandeza y tu belleza se perdieron dentro de tu historia. Olvidaste que tenías un secreto.

A partir de ese momento te sentiste perdido, solo, separado y asustado. Súbitamente, tomaste conciencia de que te faltaba algo, y así era. El dolor de haberte separado de tu tesoro fue como haber perdido a tu mejor amigo. Dentro de ti, anhelabas regresar a tu verdadero Yo, de modo que empezaste a buscar fuera de ti algo que llenara ese vacío y que hiciera que te sintieras mejor. Buscaste en las relaciones, en otras personas, en tus logros y recompensas, intentando encontrar aquello que te faltaba. Buscaste en tu cuerpo y en tu cuenta bancaria, intentando recuperar ese sentimiento. Quizás tú, al igual que yo, te sintieras impulsado por unos sentimientos de falta de valía que estaban en un lugar tan profundo que te pasaste la mayor parte de tu vida buscando frenéticamente algo que te hiciera sentir completo. Pero buscaras donde buscaras, acababas sintiéndote vacío.

Cuando tenía cinco años, estaba muy familiarizada con la voz que tenía en mi cabeza que me decía que yo no era lo bastante buena, que nadie me quería y que estaba fuera de lugar. Desesperada por sentirme querida y aceptada, emprendí la agotadora tarea de lograr que otras personas confirmaran mi valía. En lo más profundo, creía que algo no funcionaba en mí, y me esforzaba muchísimo por ocultar mis defectos. Aprendí rápidamente a seducir a las personas, esbozando mi mayor sonrisa para conseguir que se fijaran en mí. Yo creía que si tenía más talento que mi hermana mayor o era más lista que mi hermano mayor, me sentiría a gusto y mi familia me colmaría con todo el amor y la aceptación que yo anhelaba. Creía que si ellos me querían lo suficiente, entonces ya no tendría que oír los horribles pensamientos que llenaban mi mente, o que soportar los dolorosos sentimientos que consumían mi pequeño cuerpo.

Con el paso de los años me volví una experta en encontrar maneras de ocultar mi dolor: a ocultarlo de mí misma y de los demás. Cuando no conseguía encontrar a alguien que me validara o que me dijera que yo era aceptable, cruzaba la calle y me iba al supermercado más cercano, donde me compraba un paquete de magdalenas de chocolate y una botella de Coca-Cola. La dosis de azúcar realmente parecía hacer efecto. Pero cuando llegué a la edad de doce años, mi dolor era demasiado grande como para ocultarlo: me sentía demasiado alta, demasiado rara y demasiado estúpida. Envidiaba a las niñas que parecían encajar, que llevaban la ropa correcta y que tenían las familias adecuadas. Durante años, lloré todos los días, intentando dejar salir el dolor interior que me consumía. Mis lágrimas de tristeza siempre tenían el mismo mensaje: «¿Por qué nadie me quiere? ¿Qué hay de malo en mí? Por favor, ¿podría alguien *ayudarme*?».

Luego, para empeorar las cosas todavía más, un sábado por la tarde, cuando yo tenía doce años, mi madre nos informó a mi hermano y a mí de que, mientras estábamos en la playa, mi padre se había ido de casa. Su matrimonio había llegado a su fin y se iban a divorciar. La ruptura de mi familia se sumó a mi profundo temor a no ser normal, a estar dañada y tener mala suerte en la vida. El divorcio de mis padres dio rienda suelta a todo el dolor que estaba almacenado dentro de mí. En un instante, todos los malos sentimientos que yo creía que tenía bajo control salieron de mí a borbotones. Mi dolor era tan abrumador que tenía que entumecerlo con drogas y cigarrillos, y haciendo amigos rápidamente en un intento desesperado por encajar y conseguir el amor y la seguridad que no podía encontrar en mi familia, ni en mí misma.

Luchando por encontrar un significado en el vacío que sentía en mi interior, decidí que el éxito era mi último boleto a la libertad. Empecé a trabajar a los trece años, y a los diecinueve ya tenía mi propia tienda. Tenía buen ojo para la moda y me encantaba diseñar nuevos estilos para que los llevaran las mujeres. Llevar buena ropa siempre hacía que me sintiera mejor. Era como si pudiera ocultar mi vergüenza, al menos durante un día, poniéndome una ropa que gustaba a todo el mundo. Me esforzaba por tener los estilos más fabulosos, más al día y más a la moda, para poder finalmente sentirme feliz y cómoda. Y, según todas las apariencias externas, lo conseguía: tenía el coche adecuado, la ropa adecuada y lo que yo consideraba que era un grupo de amigos adecuados. Finalmente había conseguido formar parte de la gente «de moda». Pero, a pesar de mis éxitos y de todos mis amigos, seguía sintiéndome perdida e increíblemente sola. Por mucho éxito que tuviera en el mundo exterior, jamás parecía escapar a la voz interior que me decía que nunca haría nada y que en realidad mi vida no tenía importancia. En el silencio de la noche, mi desesperación me abrumaba. Me sentía llena de defectos, pequeña, insignificante y dolorosamente sola.

Conseguir mantener mi equilibrio mental se convirtió en un trabajo a tiempo completo. Empecé a intentar acallar el constante ruido interior ahogándome en las drogas. Estaba hipnotizada por mi continuo diálogo interior, por la historia que me contaba a mí misma una y otra vez de que jamás lo conseguiría, de que jamás tendría el amor, la seguridad y la paz interior que tan desesperadamente deseaba. Esa voz llenaba mi cabeza día y noche, criticando cada cosa que hacía y saboteando mi búsqueda del éxito y la felicidad. Había pensado que si me mantenía suficientemente ocupada, que si comía suficientes bizcochos, que si añadía suficientes sustancias químicas o acumulaba suficientes coches y ropa, podría elevarme por encima de la desesperación y la desesperanza que aparecían después de cada momento de alegría. Pero no funcionó. La cinta que sonaba en mi cabeza no hacía más que aumentar su volumen, mostrándome mis defectos y reforzando mis limitaciones autoimpuestas. Esa voz me reñía continuamente, diciéndome que yo no merecía amor y que siempre estaría sola. Finalmente, agotada, me rendía a mi tirano interior, diciéndole: «Muy bien, tú ganas». Entonces buscaba una bolsa de M&M's, un cigarrillo o un tranquilizante y aliviaba temporalmente mi angustia. Pero el odio hacia mí misma sólo tardaba unos minutos en regresar y la historia sobre lo desastrosa que era se reiniciaba ahí donde se había quedado.

A partir de los veinte años, añadí a los hombres a mi receta para aliviar el dolor. Desafortunadamente, en mis relaciones con ellos siempre parecía salirme el tiro por la culata. Empezaban con un subidón que contenía la promesa de la salvación y acababan con un bajón que me dejaba todavía más hundida en el agujero que al principio. Entretanto, mi consumo de drogas aumentó hasta el punto que yo sabía que si continuaba por ese camino no viviría mucho tiempo. Me pasé años entrando y saliendo de centros de tratamiento para drogodependientes, intentando enmendar mi vida. Entonces, un día, mientras me encontraba en mi cuarto centro de tratamiento, participando en otra sesión de terapia de grupo, tuve una gran revelación. Estando ahí sentada escuchando a los demás hablar de su sufrimiento, me dejé hechizar por sus palabras. Mientras escuchaba a otros miembros de mi grupo hablar de sus problemas y dificultades, de sus fracasos y decepciones, me di cuenta de que un tema común (un argumento) salía de la boca de cada persona. Me asombró lo comprometida que estaba cada una de ellas con su doloroso drama individual y lo seguras que estaban todas de que su historia era la verdad, toda la verdad y nada más que la verdad. Vi a personas de mi grupo sacrificar el amor para rendir homenaje a las propias historias negativas que contaban sobre sus vidas y para seguir fieles a ellas. Observé cómo se aferraban, como si de su propia vida se tratara, a sus miserables sagas, intentando convencernos a todos de lo horribles y ciertas que eran sus historias. Algunas personas estaban orgullosas de ellas, como si, de alguna manera, sus luchas y sacrificios las hicieran superiores al resto de nosotros. Otras tenían aires de superioridad moral en virtud de la profundidad de su sufrimiento. Súbitamente, en un destello de claridad, pude oír algo por debajo de la saga de cada persona: *Sus historias eran simplemente, eso: historias, cuentos de ficción que de tanto contarlos se habían convertido en una distracción que enmascaraba una verdad mucho más profunda.*

Recuerdo vívidamente un sesión de grupo en particular. Jessica era una mujer rubia y bonita, de veintiocho años, que mantenía su rostro bajo por la amargura y la derrota. Aquel día inició nuestra sesión recitando dramáticamente la misma historia que nos venía contando desde hacía ocho o nueve semanas. Era algo así: «Mi madre no me quiere, mi padre me abandonó cuando yo tenía tres años, mi novio no sabe quién soy...». Me sentí frustrada, con ganas de tirarme de los pelos. Sencillamente, ya no podía seguir escuchando la misma historia ni un minuto más. Jessica era como un disco rayado que hacía sonar una y otra vez la misma mala canción. Pensé que lo menos que Jessica podía hacer era ponernos una nueva canción. Sentí ganas de ponerme de pie y gritar: «¡Sal de tu historia! ¿No te das cuenta? ¡¿Es que no ves que te estás contando una historia que siempre acaba igual?!». Deseaba con todas mis fuerzas que Jessica viera que se mantenía atascada dentro de su historia sin salida. Pero, por supuesto, yo estaba atada por las limitaciones de lo que ahora sé que era mi *propia* historia, que me decía: «Tú no sabes nada. No sabes de qué estás hablando, así que quédate en tu silla y mantén esa bocota cerrada». Obedeciendo a esa voz, me hundí en mi silla y volví a sumergirme más profundamente en mi propia historia. Mi silencio, en sí mismo, era una prueba de que mi historia tenía un poder absoluto sobre mí.

Puesto que no soportaba escuchar a Jessica quejarse ni un minuto más, desconecté y puse toda mi atención en mí misma. Mientras la voz de Jessica desaparecía en el fondo, empecé a oír mi propio diálogo interno: «Nadie me quiere. No puedo hacer esto. Jamás seré feliz. Soy demasiado delgada y demasiado fea. Mi vida no tiene importancia», y el siempre conocido «Yo no le importo a nadie». Mientras estaba ahí sentada, me di cuenta de que, como Jessica, yo también estaba repitiendo un diálogo interno una y otra vez, recitando una versión de mi vida que ya había oído un millón de veces. Me conmocionó descubrir que el argumento de mi historia no era muy distinto del de Jessica; ella simplemente estaba contando el suyo en voz alta. Mientras estaba ahí escuchándome a mí misma, oí el tema de mi historia cantado como un mantra en mi mente: «Pobre de mí, pobre de mí, pobre de mí». Entonces, súbitamente, se me encendió una luz y me di cuenta: «Ay, Dios mío, mi vida también es simplemente una historia».

Hasta ese día, mientras me encontraba en un centro de tratamiento en West Palm Beach, Florida, había estado dormida dentro de mi historia. Había estado dejando que mi historia gobernara mi vida sin mi conocimiento de ello. Todo lo que hacía era coherente con esa historia y estaba limitado por ella, y mis actos eran intentos desesperados de hacer que la prisión de mi historia fuese un poquito mejor, un poco más agradable, un poco más vivible. Siempre estaba haciendo algún pequeño ajuste (un novio nuevo, un nuevo empleo, un nuevo corte de pelo) en un intento de enterrar mi dolor y esconder las «pruebas» de mis defectos. Había confundido de tal manera mi historia con la realidad, que hacer todos esos cambios era como reordenar las sillas en la cubierta del *Titanic*: el barco se hundía mientras yo, cegada a la realidad de la situación, estaba ocupada tratando de hacer que tuviera buen aspecto e intentando sentirme mejor mientras lo hacía.

Finalmente, se me ocurrió que yo debía de ser algo más que la historia que me estaba contando a mí misma. Del mismo modo que podía ver que Jessica, aunque estuviera atrapada en su propia historia, era más que lo que ella creía ser, me di cuenta de que yo también debía de ser más que lo que mis pensamientos negativos me decían que era. Y en ese momento me rendí ante el hecho de que aunque, inconscientemente, me había pasado años intentando arreglar mi historia, no podía hacerlo. Sin duda formaba parte de mí, pero ciertamente no era todo lo que yo era. Aunque no tenía ni idea de lo que había más allá de mi historia, ese día emprendí un viaje para intentar entender por qué había creado esa historia y cuál era su finalidad.

Pasé los siguiente diez años de mi vida examinando no sólo mi propia historia, sino también las historias de los demás. Mientras realizaba ese viaje, aprendí tres cosas muy importantes: primero, que creamos nuestras historias de vida en un intento de llegar a ser alguien o algo; segundo, que nuestras historias tienen la clave de nuestra finalidad única en la vida y de su realización; y tercero, que oculto en la sombra de nuestra historia hay un secreto muy especial, y cuando se revele ese secreto, nos maravillaremos ante la magnificencia de nuestra propia humanidad.

La historia, el tema y la sombra

Nuestras historias tienen una finalidad. Aunque establecen nuestras limitaciones, también nos ayudan a definir quiénes somos para que no nos sintamos completamente perdidos en el mundo. Vivir dentro de ellas es como estar dentro de una cápsula transparente. Las finas paredes transparentes actúan como una concha que nos atrapa. Aunque podemos ver el exterior y contemplar el mundo que nos rodea, nos quedamos atrapados dentro, seguros, cómodos con el terreno conocido, atados por el conocimiento interno de que, no importa lo que hagamos, pensemos o digamos, no podemos ir más lejos. Nuestras historias nos separan y establecen unas fronteras claras entre nosotros, los demás y el mundo. Limitan nuestras capacidades y nos cierran nuestras posibilidades. Nuestras historias nos mantienen separados, incluso mientras suplicamos pertenecer a un lugar y encajar. Nos quitan nuestra energía vital, haciendo que nos sintamos cansados, vacíos y sin esperanza. La previsibilidad de nuestras historias alimenta nuestra resignación y asegura nuestro futuro. Cuando estamos viviendo dentro de nuestras historias, tenemos hábitos repetitivos, comportamientos abusivos y diálogos internos abrasivos.

Como todas las buenas historias, nuestros dramas personales siempre tienen un tema, el cual se representa una y otra vez a lo largo de nuestras vidas. Podemos descifrar nuestros temas únicos escuchando detenidamente las conclusiones a las que hemos llegado sobre los acontecimientos de nuestras vidas. Esas conclusiones dan forma a nuestra existencia e impulsan nuestras personalidades. Nuestras conclusiones se convierten en nuestras *creencias-sombra*, las creencias inconscientes que controlan nuestros pensamientos, nuestras palabras y nuestros comportamientos. Nuestras creencias-sombra establecen nuestros límites. Nos dicen cuánto amor, cuánta felicidad y cuánto éxito nos merecemos o no nos merecemos. Dan forma a nuestros procesos de pensamiento y definen nuestras fronteras personales. Disfrazándose de verdad, nuestras creencias-sombra nos privan de la expresión de nosotros mismos y aplastan nuestros sueños. Pero lo importante es que nos demos cuenta de que nuestras creencias-sombra contienen la sabiduría que necesitamos para trascender nuestras limitaciones actuales y nuestro descontento. Nos motivan a compensar nuestras deficiencias y nos impulsan a ser lo opuesto a lo que nos decimos ser. Nuestras creencias-sombra nos impulsan a demostrar que valemos, que somos dignos de amor y que somos importantes. Pero si dejamos de vigilarlas, estas creencias-sombra se vuelven contra nosotros, saboteando las cosas que más deseamos al permitir que sus mensajes negativos limiten nuestras vidas.

Por qué «necesitas» tu historia

Permanecemos envueltos en nuestras historias –instalados, a salvo, dentro de nuestras cápsulas– para poder aferrarnos a la comodidad que conocemos y descansar en los sentimientos seguros y familiares de estar en casa. Cuando la vida se pone difícil y empezamos a enfrentarnos al dolor de nuestras propias limitaciones o a la desilusión de vivir por debajo de los principios que nos hemos autoimpuesto, al menos podemos contar con algo: la previsibilidad de nuestras historias. Nuestras historias nos dan algo y alguien con quien identificarnos. El peor sentimiento para un ser humano es sentir que no es «nada», que su vida y su existencia individual no importan. La mayoría de nosotros preferiría soportar ser una persona que no merece ser amada antes que ser alguien completamente invisible. De manera que, en un intento desesperado por dar sentido a nuestras vidas, creamos nuestras historias y luego las repetimos, y al aferrarnos a quien creemos ser, perpetuamos nuestros dramas. Entonces, gradual e inconscientemente, nos convertimos realmente en ellos. Representamos nuestras historias y las llevamos puestas como si fueran insignias de honor. Nos dedicamos a mantener vivas nuestras historias y, en el proceso, sin quererlo nos convertimos en víctimas de las historias que hemos creado para proteger nuestro secreto: nos convertimos en víctimas de la vida.

Cuando reconocemos que nos hemos identificado con nuestra historia y no con nuestro verdadero ser (más amplio, más profundo y más auténtico), nuestro primer impulso es liberarnos de ella. Pero, puesto que nos hemos *convertido* en nuestra historia y hemos permitido que nos dicte el alcance y el rumbo de nuestra vida, surge una pregunta aterradora: si nosotros no somos nuestras historias, entonces, ¿quiénes somos? Fuera de nuestras historias, la vida nos da miedo y nos parece incontrolable. Huele a imprevisibilidad y a incertidumbre. Tememos que si soltamos nuestros dramas, perderemos nuestra identidad y nuestro lugar en el mundo. ¿Quién nos protegerá? ¿Quién nos amará? ¿Dónde encajaremos? Esta es una perspectiva devastadora para cualquier ser humano. El miedo inconsciente que impulsa nuestras historias es que si renunciamos a nuestras identidades, reducimos la velocidad y nos volvemos hacia nuestro interior, seremos devorados por el vacío. Nuestra resistencia a no ser nada, a no tener nada y a ser un «nadie» está en el centro mismo de nuestra lucha humana. Nuestro temor a la no-existencia es tan profundo que la mayoría de nosotros se conforma con una versión rehecha del Yo que conocemos, en lugar de despertar dentro de lo desconocido.

Pasé la mayor parte de mi vida esforzándome por ser «alguien», por tener una finalidad y una vida con sentido. Sin embargo, a lo largo de los años, mi búsqueda espiritual me ha enseñado que para poder ser libre para ser la mujer especial y única que soy debo aceptar tanto la inmensidad de mi Divinidad como la insignificancia de mi humanidad. Debo aceptar el hecho de que soy todo y nada a la vez.

En una ocasión, mi rabino, Moshe Levin, me contó una historia que proviene del Talmud. A una persona le piden que escriba las palabras *No soy nada, excepto polvo y cenizas* en un trozo de papel y que lo guarde en su bolsillo y medite sobre ello. Luego le piden que escriba en otro trozo de papel *Todo el Universo fue creado sólo para mí* y lo guarde en su otro bolsillo. Cuando el buscador medita sobre ambas realidades al mismo tiempo, se da cuenta de que las dos son verdad.

Si vemos la vida desde una perspectiva más amplia, vemos que somos meras partículas. Hasta que aceptemos la nada absoluta y nuestra propia insignificancia, estaremos siempre buscando la experiencia de ser alguien. Pero cuando nos rendimos al hecho de que somos *todo y nada*, cuando aceptamos tanto la historia como lo que hay más allá, la sombra y la luz, nos convertimos en seres humanos completos, integrados. Nos abrimos a un mundo que está más allá de lo que conocemos. Entonces podemos tener la magnífica experiencia de ver que pertenecemos a la totalidad del Universo y que somos una parte esencial de él. Podremos maravillarnos al darnos cuenta de que todo el Universo fue creado sólo para nosotros. Entonces comprenderemos la inmensidad de nuestra verdadera esencia.

Sé que para algunos de vosotros éste puede ser un concepto difícil, y es posible que todavía no os sintáis preparados para él o cómodos con él. Pero te prometo que si te permites abrirte a esta idea y explorarla, surgirá una nueva posibilidad. Cuando aceptes tus ganancias y tus pérdidas, tus puntos débiles y tus puntos fuertes, tu inmensidad y tu nada, te sentirás suficientemente seguro como para permitir que tu secreto Divino emerja. Únicamente regresando al estado de totalidad uno siente que vale y que merece expresar la verdad más elevada acerca de su ser.

El Yo falso

Nuestras historias son como viejos amigos. Incluso si hablan demasiado, al menos sabemos lo que nos ofrecen: una alternativa que nos resulta menos amenazadora que conectar con un grupo de extraños. La mayoría de nosotros elige la comodidad de lo que ya conoce, permaneciendo dentro de su realidad limitada, para no tener que enfrentarse al terror de aquello que no conoce. Pero, cociéndose bajo la superficie, hay un profundo descontento sobre el *Yo falso* que hemos creado y la historia que lo acompaña. Es ahí donde comienza la lucha. Ese descontento siempre está empujándonos, susurrando a nuestros oídos: «Tiene que haber algo más que esto».

Para poder aceptar la enormidad de quienes realmente somos y realizar el viaje hacia el exterior de nuestras limitadas historias y volver a encontrar nuestro verdadero Yo, primero debemos enfrentarnos a la verdad fundamental y, a menudo, la realidad más dolorosa: que en realidad nunca estuvimos separados de lo Divino. Somos una pieza de un puzle Divino. Quizá parezca que estamos separados, es posible que actuemos como si lo estuviéramos, pero nuestra individualidad no es más que una ilusión. Es una distracción dolorosa que nos mantiene atrapados en una búsqueda interminable de algo más, de algo mejor o diferente de lo que ya tenemos. Y es una búsqueda inútil, porque se basa en la conclusión incorrecta de que, en alguna medida, no somos «normales». En nuestra separación, luchamos por crear versiones más grandes y mejores de nosotros mismos, intentando desesperadamente reparar aquello que creemos que está estropeado. Abandonamos a nuestro Yo naturalmente Divino e intentamos frenéticamente anclarnos en nuestra identidad única. Olvidamos a nuestro Yo Divino por nuestra imagen de nosotros mismos. Pero esa imagen (la identidad que estamos persiguiendo) no es quien somos; es un Yo falso que hemos creado para definirnos. Nuestro Yo falso es el personaje principal de nuestras historias, y creemos erróneamente que somos esa persona. Es nuestro personaje, la imagen que creamos para proporcionarnos una identidad marcada. Y nuestras historias son nuestros intentos desesperados de comprender nuestra existencia, de definir lo que no puede ser definido. Cada una de nuestras historias es el lugar donde reside nuestro Yo falso. Éste es el héroe y la víctima y la estrella de nuestra historia. Mantiene nuestra historia intacta y nos tranquiliza con una sensación falsa de previsibilidad y seguridad.

Separarnos de lo Divino

En cuanto nos identificamos con nuestro Yo falso, en cuanto creemos ser nuestra historia, salimos de las manos de lo Divino y entramos en la pequeña ilusión del Yo, separado y solo. Entonces comienza el juego: el juego de «Mírame, estoy separado de ti». Participamos en esa farsa porque nos permite aferrarnos a la ilusión de que realmente somos seres separados e individuales. Incluso si entendemos intelectualmente en este punto de nuestro viaje espiritual que todos somos uno, a un nivel inconsciente continuamos luchando por la vida separada con la que estamos familiarizados y evitando la experiencia de la unidad. Creemos que si nos enfrentamos a la verdad fundamental (si nos enfrentamos a nuestra unidad) entonces esa cualidad de únicos a la que nos aferramos morirá. Pero nuestra tarea consiste en enfrentarnos a esa verdad, porque vivir dentro de nuestras historias y en la ilusión de estar separados no es realmente vivir. Es un juego interminable de necesitar: temer y necesitar. Es un juego en el que no puedes ganar. Es un juego de «Si al menos»: «*Si al menos* fuera rica, famosa, más inteligente, más sabia, más rápida, más astuta o más joven, entonces podría ganar este juego y encontrar la felicidad que merezco». «*Si al menos* conociera a más gente, tuviera un mejor trabajo o tuviera mi propio negocio, entonces tendría lo que necesito y sería feliz». *Cuando* tenga mi nueva casa, mi coche nuevo, mi nueva novia, o ropa nueva, me sentiré tan bien...». «*Si* fuera apreciado, respetado, amado o visto, mis deseos más profundos estarían satisfechos». O quizás tu juego trate sobre librarte de algo. «*Si al menos* no fuera tan egoísta, tan gorda, tan perezosa, si no estuviera tan enfadada, tan amargada, tan cansada o tan arruinada». «*Si al menos* mis hijos, mi marido o mi madre dejaran de hacerme escenas». O los grandes: «*Cuando* finalmente alcance mi peso corporal perfecto o cuando encuentre mi finalidad en la vida, estaré contento». Este es un juego en el que no se puede ganar. Es una trampa, un laberinto interminable del que no hay salida.

Trabajamos día y noche intentando manipular, planificar e idear nuestras maneras de ganar el juego de «Si al menos». Pero ese juego vive dentro de nuestras historias. Fue desarrollado para mantenernos entretenidos y ocupados y para darnos un punto de referencia para nuestras identidades individuales. Pero si estamos dispuestos a mirar, veremos que el juego no es más que un señuelo, que esconde lo que es real, que oculta nuestra verdadera esencia. Para poner fin a esta lucha, tenemos que darnos cuenta de que gran parte de lo que creemos sobre nosotros mismos es una historia. Para la mayoría de nosotros, es un cuento que nos quita poder. Creamos nuestras historias para proporcionarnos una identidad y proteger el carácter sagrado de nuestra verdadera esencia. Y necesitamos nuestras historias y el secreto que contienen para que nos lleven de vuelta ante la presencia de nuestra Divinidad y para desarrollar la finalidad de nuestras vidas.

Aceptar tu historia

Nuestras historias tienen un propósito Divino. Son una parte real y necesaria de nuestra evolución personal. Hasta que comprendamos la importancia de nuestras historias, seguiremos atrapados en el círculo vicioso de intentar reparar partes de nosotros mismos que no están rotas. Oculta en nuestros dramas personales hay una información importante, perlas de sabiduría de las que podemos extraer la clave para realizar nuestras contribuciones únicas al mundo. Nuestras historias contienen los ingredientes exactos que necesitamos para convertirnos en las personas que siempre quisimos ser. Dentro de nuestras historias hay una receta Divina para una vida de lo más extraordinaria.

El primer paso es descubrir tu receta para darte cuenta de que tú has creado tu historia, no sólo para protegerte, sino también, inconscientemente, para reunir la sabiduría y las experiencias que son necesarias para realizar tu finalidad en la vida. Tú has creado tu historia para aprender las lecciones que debía enseñarte. Eres como un maestro cocinero. Has pasado tu vida en la cocina, cocinando tu dolor, tu alegría, tu triunfo y tu fracaso para reunir los ingredientes necesarios para manifestar tu Yo más extraordinario. Pero tu historia –con todo su drama y todo su dolor no procesado– esconde esa receta.

La mayoría de nosotros se distrae tanto con el drama de su historia que ya no recuerda que tenemos un propósito Divino aquí. Estamos tan entregados al dolor de nuestras historias personales y a hacer que los demás estén equivocados, que ni siquiera nos damos cuenta de que todo ese dolor tiene una finalidad. Vale la pena repetirlo: «¡Todo nuestro dolor tiene una finalidad!» Está aquí para enseñarnos, guiarnos y darnos la sabiduría que necesitamos para entregar nuestros dones al mundo. La mayoría de nosotros utiliza sus traumas y sus heridas para machacarse, para mantenerse atascado y para no crecer. Pero cuando examinamos nuestro dolor y nuestra decepción y los utilizamos como herramientas de aprendizaje, nos dan lecciones de vida sagradas que sólo podemos aprender de esta manera.

Estás aquí para aportar tu sabor único y para servir al mundo de una manera en que sólo tú puedes hacerlo. Una de las maestras de preescolar de mi hijo, la señora Knight, demostró este principio a su clase. En el primer día de escuela, la señora Knight entregó a todos los niños que entraron al salón una pieza de un puzle que tenía un número en la parte posterior. Cuando llamaba a cada alumno o alumna por su número, cada uno de ellos llevaba su pieza del puzle y ella la ponía en la posición correcta en el marco de cartón que lo contenía. Había veinte niños y veinte piezas del puzle. Cuando finalmente la señora Knight llamó al número veinte, se pudo ver la imagen completa en el puzle, salvo una pieza que faltaba, que impedía que todos viéramos la belleza de la imagen íntegra. El niñito que había recibido la pieza número diecinueve había faltado a clase ese día y, para que se viera toda la imagen, la clase necesitaba su aportación. De esta manera, la señora Knight ilustró bellamente para los niños cuán importante era cada uno de ellos para completar la totalidad.

Yo estaba ahí sentada con lágrimas en los ojos, pensando en que cada uno de nosotros representa una aportación sumamente importante para la totalidad de la humanidad. Cada uno de nosotros tiene una pieza importante que aportar a la imagen de la vida. Cuando nos quedamos estancados en el pasado, odiando nuestras vidas y nuestras historias y odiándonos a nosotros mismos, es imposible reclamar nuestra pieza del puzle y colocarla en el sitio que le está destinado. Hasta que hacemos las paces con nuestra historia, es imposible extraer los ingredientes que necesitamos para expresar nuestro Yo Divino. Todo nuestro drama –cada una de nuestras experiencias, las partes de nosotros mismos que amamos y las partes que detestamos– es lo que hace que nuestra pieza sea única. Algunos de nosotros tenemos la pieza del centro del puzle; otros, las de algún extremo; y otros, la pieza grande y redonda. No hay ninguna otra pieza del puzle que sea exactamente igual a la tuya. Ninguna. Hay algunas similares, pero ninguna es como la tuya. Tu aportación única continúa latente, esperando a que reúnas todas las experiencias que necesitas para interpretar tu pieza del puzle. Cada día atraes experiencias perfectamente adecuadas para obtener la sabiduría requerida para producir tu receta única, tu pieza del puzle.

El proceso

El secreto de la sombra te guiará para que veas que «tu historia» ni siquiera se acerca a la definición de quien realmente eres. Es una pequeña parte de ti que te mantiene atrapado o atrapada en pautas repetitivas y que limita la cantidad de amor, paz interior y éxito que puedes recibir. Para que puedas ver tu ser completo y tu verdadera magnificencia debes salir de tu historia. Salir de nuestras historias nos permite derribar los muros perfectamente construidos que rodean nuestros corazones abiertos. Para poder vivir fuera de nuestras historias debemos sanar nuestras heridas y hacer las paces con nuestro pasado. Debemos destapar el dolor y aceptar los defectos y los puntos débiles que llegan con nuestra humanidad. Hasta que aceptemos quiénes somos y por qué estamos aquí, y comprendamos las inmensas lecciones que la vida nos enseña, seguiremos atrapados dentro de la pequeñez de nuestros propios dramas personales.

Para trascender tu historia, debes estar dispuesto a experimentar la lucha diaria de tu existencia personal. Porque sólo cuando puedes aceptar tu vida exactamente tal como es, tienes la opción de cambiar su rumbo. Para vivir tu vida fuera de los confines de tu historia, primero aprenderás a definir claramente todas las maneras en las que evitas reconocer y aceptar con amor la nada que hay en tu interior. Conocerás todas las maneras en que intentas definirte para que nadie te confunda con ninguna otra persona, las maneras en que intentas llenar tu identidad para no tener que sentir el profundo vacío que subyace a tu necesidad.

Este libro te mostrará cómo utilizar tu historia, obtener beneficios de todos tus traumas y tus deficiencias, obtener sabiduría de tus heridas. Te proporcionará el proceso para que puedas extraer tu receta única y liberar el secreto que está oculto en la sombra de tu historia. Ahora es el momento de explorar cómo puedes utilizar tu historia para enriquecer tu vida y las vidas de los demás. Ese es el motivo por el cual la tienes. Pero sólo podrás utilizarla cuando estés preparado para salir de esa historia llamada «Tú».

En los capítulos que vienen a continuación identificaremos todas las interminables maneras en que hemos perseguido la satisfacción y la felicidad. Siempre que perseguimos algo ciegamente, debemos detenernos para preguntarnos por qué lo estamos haciendo; ahí es donde encontraremos pistas importantes. Tanto si estamos buscando amor, o atención, o respeto o el éxito mundano, debemos estar dispuestos a ver que perseguir eso es un intento por llenar algún vacío o alguna carencia en lo más profundo de nuestro ser. Debemos reconocer que nuestras estrategias para encontrar satisfacción han fallado. Entonces podemos mirar a la cara todas las maneras en las que nos hemos violado a nosotros mismos, todos los casos en que hemos vendido nuestras almas mientras intentábamos ser mejores y mejorar nuestras historias.

El secreto de la sombra trata sobre el descubrimiento de tu verdadera esencia. Te servirá como una guía que te llevará de regreso al hogar: ahí donde, en los más profundo de ti, sabes que perteneces. Estando en presencia de tu verdadera esencia, sin el estorbo de tu historia, te conocerás a ti mismo como la totalidad del Universo –tanto la nada de tu Yo más pequeño como la plenitud de tu humanidad–. Al salir de tu historia, descubrirás que el «tú» que siempre has deseado ser no vive dentro de ella. Una vez fuera, verás que la vida de tus sueños y la realización de tus deseos más profundos te están esperando. Aquí te sentirás impulsado a contar al mundo tu secreto, que ha estado oculto en la sombra de tu historia. Entonces sabrás lo que se siente al estar en la gloria de tu Yo más magnífico.

Pasos de acción sanadores

1. Empieza comprando un diario bonito y titúlalo «Mi importante y misteriosa historia». Comprométete a usarlo como un lugar en el que anotarás los sentimientos, los pensamientos y las ideas que surjan mientras realizas los ejercicios que se describen en este libro. Mientras haces estos ejercicios, intenta no corregirte o censurarte. En lugar de eso, permítete expresar libremente cualquier cosa que tengas en la mente o en el corazón.

2. Elige un momento en el que puedas estar a solas y ponte cómodo. Crea un espacio libre de distracciones y ten tu diario cerca de ti. Cierra los ojos y, mientras lo haces, respira profunda y lentamente unas cuantas veces, sintiendo que vas cada vez más dentro de ti con cada respiración. Permítete relajarte completamente, entra en la quietud y dedica unos minutos a tu crecimiento espiritual y al descubrimiento de ti mismo. Vuelve a respirar lenta y profundamente, y deja que tu consciencia descanse suavemente en la zona de tu corazón. Mientras respiras, siente que conectas con tu ser interior: el aspecto esencial de ti que ha estado contigo en todos los momentos de tu vida.

   Imagina que estás viendo una película sobre tu vida. Mírate en el día de tu nacimiento; fíjate en los rostros de las personas que cuidaron de ti durante tu infancia. Imagínate en tus primeros años de vida, aprendiendo a caminar y a hablar. Recuerda los años que pasaste en la escuela, viendo los rostros y oyendo las voces de las personas que te influyeron, para bien o para mal, durante tus años formativos. Deja que esta película se proyecte en la pantalla de tu consciencia y permítete sentir y recordar tus amores, tus pérdidas, tus decepciones, tus desafíos y tus logros. Confía en que cualquier cosa que te venga a la mente es perfecta. Respira profundamente mientras reflexionas sobre las diversas experiencias que has tenido en el tiempo que llevas en esta Tierra.

   Considera que cada una de esas experiencias, y cada uno de los acontecimientos de tu vida, se ha desarrollado en armonía con el plan Divino. Ábrete a la posibilidad de que cada persona, cada acontecimiento e incidente ha sido atraído por tu vida para hacerte despertar a tu propia sabiduría interior. Reflexiona sobre la idea de que has nacido con una aportación única que hacer y que cada experiencia de tu vida, de alguna manera, te ha entrenado para que puedas entregar tu don especial al mundo. Respira hondo una vez más y, cuando estés preparado, abre los ojos lentamente y dedica unos minutos a escribir en tu diario los pensamientos o sentimientos que estén presentes dentro de ti.

3. Cada capítulo de este libro incluye un pensamiento: una idea para saborear, ponderar y asimilar lentamente. Tómate tu tiempo (una semana, o incluso dos) y reflexiona profundamente sobre las palabras que hay en el pensamiento de cada capítulo.

Pensamiento

«Mi vida tiene
un plan Divino.»

2

Tu receta única

En tu vida has probado la dulzura del amor, la amarga decepción de la pérdida y la amargura que permanece tras demasiadas penas del corazón. Cada una de esas experiencias forma parte de tu receta única. Sin ellas, no serías tú. Esas experiencias, cuando las integras y las comprendes, te proporcionan todo lo que necesitas (toda la sabiduría, la comprensión y la fuerza) para vivir tu sueño fundamental.

El Universo, en toda su perfección, conspira para darnos exactamente lo que necesitamos para realizar nuestra receta. Nos da toda la felicidad, toda la infelicidad, la carencia, la adicción, las aspiraciones, los traumas y el divorcio. Piensa en las circunstancias únicas en las que cada uno de nosotros nace. Algunos nacemos afroamericanos, otros caucásicos, hispanos, asiáticos o multirraciales. Algunos de nosotros tuvimos una atención excesiva, mientras que otros fueron desatendidos; algunos recibieron palizas y otros estuvieron sobreprotegidos. Algunos recibieron de todo, mientras que otros no tuvieron nada. Podemos pensar que hemos tenido mala suerte en la vida, pero recibimos exactamente lo que necesitábamos para completar nuestra receta. Cada experiencia de tu vida ha aportado un ingrediente distinto y esencial a la receta llamada «Tú».

Imagina que Dios es un maestro cocinero cuyo deseo es crear millones de postres distintos para agradar y deleitar a sus hijos. En su sabiduría, él sabe que muchos ingredientes diferentes son necesarios para preparar este banquete. Sabe que un pastel hecho sólo con azúcar no va a satisfacer, de manera que nos da todos los ingredientes que podríamos necesitar para convertirnos en el postre más delicioso que podemos llegar a ser. Cada experiencia de pérdida y de ganancia, de placer y de dolor, aportó un ingrediente esencial. Cada uno de esos ingredientes está lleno de sabiduría y existe para enseñarnos, guiarnos y proporcionarnos una información esencial que nos ayudará a convertirnos en la persona que más deseamos ser.

La receta llamada Debbie Ford

Dentro de mi dolorosa y dramática historia, encontré la receta perfecta para crear a la Debbie que yo deseaba ser. Mi lista de ingredientes comenzó con el hecho de ser la menor de tres hijos, con un hermano y una hermana que no estaban precisamente encantados de conocerme. En mi receta había una necesidad desesperada de gustar y ser aceptada, y un sistema emocional extremadamente sensible. A esto hay que añadirle un diálogo interno ruidoso que me machacaba constantemente, haciéndome saber lo poco querida y lo poco merecedora de amor que era. A eso agrégale trece años de consumo de drogas para conocer las profundidades de mi propia oscuridad y para desarrollar una profunda relación con la impotencia. Incorpora un poco de odio hacia mí misma y una dosis masiva de neurosis. Añade una gran cantidad de autodeterminación para que yo pudiera dedicar cinco años de mi vida a la búsqueda de las respuestas a algunas de las preguntas más difíciles. Agrégale veinticinco años de experiencia diciendo que todo y todos estaban equivocados (Dios, el Universo, mis padres) para poder saber con certeza que yo tenía el poder de hacerme infeliz durante el resto de mi vida. Finalmente, pon una pizca de arrogancia y la creencia de saberlo todo, y tendrás la receta perfecta para motivarme a encontrar las respuestas a la pregunta de cómo podía amar y aceptar todas las partes de mi ser.

Tardé varios años en ver que mi misión de «repararme» era una tarea interminable y desagradecida, un pozo sin fondo que no me llevaba a ninguna parte. Verdaderamente, creía que me iba a sentir mejor cuando me librara de las partes de mi receta que no me gustaban. Pero luchar en vano contra las partes no deseadas de mí misma me llevó a descubrir que no necesitaba librarme de nada. Antes bien, necesitaba integrar y aceptar todo.

Me di cuenta de que para ser la persona que siempre había deseado ser, necesitaría todos los ingredientes que habían caído en mi mezcla. Iba a necesitar todas las experiencias de debilidad y fuerza, de miedo y valor, de éxito y fracaso. Mientras siguiera intentando meter la mano en la mezcla y sacar ciertos ingredientes no deseados (mis traumas, mi debilidad, mi falta de seguridad en mí misma) seguiría siendo un bulto crudo de potencial. Pero si integraba todos mis ingredientes, los mezclaba y apreciaba la aportación única que hacían, finalmente podría reconocer que tenía todo lo necesario para ser mi Yo perfecto. Había pasado años intentando ser alguien que no era, de modo que el hecho de darme cuenta de que lo único que tenía que hacer era *dejar* de intentar ser algo que no era fue totalmente revelador para mí. Llegué a entender que para hacer la tarta perfecta a veces se necesita un poquito de sal, y que cuando compensas en exceso la amargura de tu mezcla añadiendo un montón de azúcar, tu tarta se vuelve indigesta.

Cada uno de nosotros llega a este mundo con una misión particular, como si dentro de nuestras almas estuviera escrita una receta de nuestra realización más elevada. Esta receta es distinta para cada uno de nosotros; no hay dos recetas que sean exactamente iguales. Para descubrir la receta llamada «Tú», debes distinguir lo que hay dentro de tu masa.

Mi receta exigía que yo esperara treinta y ocho años para encontrar al hombre perfecto con el que compartir mi vida. Luego requirió que diera a luz a mi persona favorita en todo el Universo, sólo para ver cómo mi matrimonio hacía aguas delante de mis ojos. El siguiente ingrediente fue un divorcio inesperado que hizo salir a la luz todo el trauma y el dolor del divorcio de mis propios padres. El miedo abrumador de no poder arreglármelas sola añadió un sabor agradable para que pudiera reunir el valor y la fuerza necesarios para escribir mi primer libro, *The Dark Side of the Light Chasers*. Todos esos traumas (esos ingredientes) me proporcionaron la voluntad y la sabiduría necesarias para sumergirme en las profundidades de mi alma y producir ese libro.

Jamás, ni en un millón de años, hubiera adivinado que todo mi dolor y mi oscuridad, todo mi egoísmo y mi interminable deseo de influir en el mundo, estaban siendo mezclados cuidadosamente para que yo pudiera pasar a la versión más elevada de mí misma. Pero la receta perfecta para mi vida estaba esperando a ser descubierta. Aprendí a confiar en los poderes que existen y llegué a darme cuenta humildemente de que nadie sabe realmente qué experiencias necesitamos para poder entregar nuestro mayor don.

Al hacer lo que era necesario para sanar mis problemas con mi ex marido, sin saberlo, estaba reuniendo la sabiduría y los ingredientes esenciales para añadirlos a mi receta. El hecho de prepararme para escribir mi segundo libro, *Spiritual Divorce*, me obligó a crecer, a expandirme y a asumir la responsabilidad de mi realidad, sin importar lo que mi ex marido (o cualquier otra persona) hiciera. Me obligó a tomar el camino elevado y a preguntarme: «¿Cómo voy a crecer a partir de esto? ¿Cómo puedo usar esto para convertirme en mi Yo más Divino?». Claro que tenía otras opciones: podría haber odiado mi sufrimiento; podría haber tenido lástima de mí misma porque sentía muchísimo dolor. En lugar de eso, elegí buscar el oro y las joyas, y decir: «Ah, ¿por qué necesitaría esto? ¿Qué puedo aprender de esta situación? ¿Qué es lo que tengo ahora para aportar que no tendría si no hubiese tenido esta experiencia?». Había vivido la vida perfecta para hacer el trabajo que hago. Porque no podría ayudar a otros a sanar su dolor y crear la vida de sus sueños si yo no lo hubiera hecho por mí primero.

Un bufé Divino

Imagina que estás ojeando tu libro de cocina favorito y viendo varias recetas para crear *seres humanos apasionados, realizados, ricos y extraordinarios.* Intrigado, buscas rápidamente las páginas indicadas con la intención de saber qué ingredientes se necesitan para crear esas obras de arte, y en la primera página ves:

> Mezclar catorce traumas, cuatro penas del corazón, una madre que amaba demasiado, un padre inaccesible emocionalmente y un marido que te ponía los cuernos. Sin dejar de mezclar, introducir la oportunidad de ser una madre soltera con dos hijos. Añadir cuatro dosis extra de egoísmo, una creencia-sombra que diga «No soy suficientemente buena», y un ego que grite «Voy a demostrarle a todo el mundo que *soy* lo bastante buena» y *¡violà!* Tienes a una Lynda de cuarenta y dos años: ¡una agente financiera perfectamente satisfecha en una empresa de 17 millones de dólares!

O prueba ésta:

> Mezcla unos padres divorciados con unos hermanos gemelos que te fastidian a diario. Añade cuatro años de un mal matrimonio y uno de un negocio muy exitoso, seis años de depresión y uno de trastorno de deficiencia inmunológica. A eso agrégale un diálogo interno ruidoso que te recuerda que, definitivamente, hay algo que no funciona en ti. Aderézalo con un profundo conocimiento interior de que las cosas se solucionarán si sufres el tiempo suficiente. Añade un amor apasionado por la música y las artes. Hornéalo a una temperatura alta durante cuarenta y tres años, y *¡presto!* Tienes a Jeffrey, un compositor de canciones y productor de un programa infantil de televisión que enseña a los niños a tratarse bien unos a otros.

O qué tal si pruebas ésta:

> Empieza con unos padres con expectativas elevadas y una necesidad de controlar todos tus movimientos. Añade una gran dosis de imperfección, doce años de lucha para ser la estudiante perfecta, dieciséis victorias asombrosas y dieciséis experiencias de profundo vacío. Agrégale dos intentos de suicidio y cuatro oportunidades de ser humillada. Espolvoréalo con un amor por las matemáticas y las ciencias, y la habilidad de empatizar con los problemas de las personas. Añádele una fe inquebrantable en Dios y una ración de autorrealización. Déjalo enfriar durante treinta y dos años, y tienes a Pam, una psicóloga pediátrica con un enfoque holístico.

Resulta bastante fácil ver cómo tus atributos positivos aportan cosas a tu receta única. Probablemente puedes apreciar cómo tus talentos, tus habilidades naturales y tus sueños de la niñez han contribuido a mejorar tu vida y a que seas la persona en la que te has convertido. Pero los hechos traumáticos de tu vida (las experiencias que dejaron heridas en tu interior) son una parte igualmente importante de la mezcla que te ayudará a convertirte en lo que puedes llegar a ser. Cada inseguridad, cada temor, cada tragedia, cada obsesión, cada relación rota y cada incidente vergonzoso contiene pistas que te están conduciendo hacia tu ser más magnífico. Mézclalos y te impulsarán hacia la aportación única que tú representas. Si aceptas todos los ingredientes que hay en tu receta y les permites formar parte de tu masa, lo que salga del horno será la persona que tu alma desea ser.

Utiliza tus ingredientes

La mayoría de nosotros sufre interminablemente a causa de las partes dolorosas y no deseadas de su receta, pero hay algunas personas extraordinarias que eligen utilizar su dolor para aportar algo al mundo.

La muerte de un niño es uno de los peores ingredientes que uno pudiera imaginar en su receta, pero ¿y si estaba en el plan Divino que tú tienes que usar esa experiencia para salvar las vidas de miles de otros niños? John Walsh, el presentador del programa *America's Most Wanted* hizo exactamente eso. Después de que Adam, su hijo de seis años, fuera asesinado, John se convirtió en un defensor de los derechos de las víctimas e hizo que la gente tomara conciencia de un tema que llevaba años oculto en la oscuridad. Como no estaba dispuesto a dejar que la muerte de su hijo fuera en vano, John convirtió su ira en acción y creó un programa nacional para encarcelar a decenas de miles de criminales y agresores sexuales. Con la misma facilidad con que hizo esto, John Walsh podría haber elegido regodearse en su pena durante años, pero en lugar de eso decidió usarla para hacer una aportación al mundo.

Identificado como uno de los niños más gravemente maltratados en el estado de California, Dave Pelzer fue brutalmente golpeado y obligado a pasar hambre por una madre emocionalmente inestable y alcohólica. Con su valentía, su fuerza y su perdón, Dave convirtió sus heridas en sabiduría y escribió un relato muy emocionante de la historia de su vida, que conmocionó las vidas de millones de personas. Su libro, *El niño sin nombre: Una historia de maltrato*, fue un *best-seller* del *New York Times* durante tres años y fue nominado al Premio Pulitzer. Aunque pocas personas elegirían conscientemente el maltrato físico y emocional intenso como parte de la receta de su vida, tenemos que dar gracias a Dios por que Dave eligiera usar su experiencia para influir profundamente en las vidas de otras personas.

Cuando Hellen Keller tenía sólo diecinueve meses de vida, se quedó ciega y sorda tras sufrir una fiebre que casi resulta ser mortal. Elevándose por encima de la ignorancia de su época y de su propia frustración, Helen decidió interactuar con el mundo utilizando los tres sentidos que le quedaban. Se convirtió en una comunicadora hábil y apasionada, autora de trece libros. Mientras daba conferencias por el mundo entero para ayudar a los discapacitados y a los desfavorecidos, prácticamente sin ayuda de nadie, acabó con los mitos existentes sobre la ceguera. Imagina lo que se hubiera perdido el mundo si Hellen Keller hubiese hecho la elección de sumergirse en la lástima de sí misma, rechazando los ingredientes de su receta única.

Viktor Frankl estuvo cinco años recluido en Auschwitz. Después de que su madre, su padre y su esposa embarazada fuesen asesinados por los nazis, Frankl se aferró a lo que él llamó «la última de las libertades humanas» elegir la actitud que uno va a tener en cualquier circunstancia dada. Aceptar el terrible ingrediente de esas muertes inspiró a Frankl a escribir *El hombre en busca de sentido*, un libro que ha sido reconocido como una de las obras más influyentes de la literatura humanística.

Tenemos que ser capaces de examinar toda nuestra historia (incluidos nuestros traumas, nuestras desventajas, nuestros fracasos y nuestras circunstancias en la vida) y decir: «Gracias, Dios, por darme eso». Porque esas experiencias estaban hechas a medida para ayudarnos a hacer nuestra aportación única.

Piensa en ello. ¿Por qué algunos acontecimientos te hieren tan intensamente a ti y, sin embargo, no tienen importancia para el resto de tu familia? Considera la posibilidad de que tú necesitaras la sabiduría que ese incidente te podía ofrecer. Quizá ese dolor contenía una inmensa lección que te habrías perdido si no hubiera sido tan grave. Quizá necesitabas nacer con una minusvalía terrible para poder demostrar el carácter indestructible de tu espíritu. Quizá necesitabas sobrevivir a la devastadora muerte de tu hijo para poder salvar a miles de otros niños. Quizá necesitabas tocar fondo con las drogas, el alcohol o el odio hacia ti mismo para poder reunir el valor para asumir la responsabilidad de tu vida. Todos nuestros traumas y problemas emocionales existen para ayudarnos a desarrollar nuestro Yo más elevado. Muchos de nuestros ingredientes más importantes están ocultos bajo un velo de dolor. Ese dolor contiene una información sumamente importante y la sabiduría que necesitamos para ensamblar nuestros dones únicos. No hay nadie que pueda enseñar lo que tú puedes enseñar. No hay nadie que pueda ofrecer tu punto de vista único. Hasta que veas la perfección de todos tus ingredientes, intentarás constantemente cambiar, arreglar y sanar tu historia, en lugar de usarla para el propósito Divino para la que fue creada.

El dolor de detestar tu receta

La mayoría de nosotros pasa la mayor parte de su vida juzgando los ingredientes de su receta: haciendo que lo que está en su interior esté mal. Decimos: «Tengo demasiados huevos» o «No hay suficiente azúcar» o «Si al menos tuviera un poco más de especias...». En otras palabras, rechazamos algunos aspectos de nosotros mismos, mientras que aceptamos otros. Desde que tiene uso de la memoria, a mi amiga Shirley le han dicho que es una bocazas. Ella solía meterse en problemas en la escuela por hablar demasiado y se sentía una extraña en su círculo de amigos porque no estaba bien visto tener tantas opiniones. Incluso su familia se sentía avergonzada por su franqueza y en más de una ocasión le advirtió que se controlara un poco. Shirley pasó los primeros veintitantos años de su vida detestando ese ingrediente de su receta y en varias ocasiones intentó infructuosamente deshacerse de él.

Un día, mientras asistía a su clase favorita de sociología en la universidad, Shirle y se puso a hablar apasionadamente, como siempre. Después de clase, su profesor la llevó a un lado y le dijo: «¡Hablas tanto! ¿Alguna vez has pensado intentar hacer una carrera en la radio? ¡Podrías recibir un sueldo por hablar durante todo el día!». Súbitamente, una luz se encendió en la mente de Shirley y vio que ese ingrediente era un inmenso regalo que ella siempre había considerado una maldición. Shirley creó un programa de radio que ganó premios y actualmente disfruta de una satisfactoria carrera siendo la presentadora, franca y muy querida, de un programa de entrevistas en la radio.

No es una tarea fácil ver la perfección de tus heridas y tus puntos débiles, pero has de saber que no son accidentes. Tú –y quiero decir, todo tú– eres Divino. Es posible que no estés expresando lo Divino en tu forma actual, pero te aseguro que cuando transformes tus heridas emocionales verás su perfección. Fíjate, por ejemplo, en el estiércol de caballo. Si estuvieras dando un paseo por el campo y encontraras un montón de estiércol en tu camino, probablemente te encogerías y te alejarías de él. Pero para un maestro jardinero interesado en cultivar las rosas más grandes y más bonitas, o en añadir un color vibrante a unos pimientos crujientes, ese mismo montón de estiércol sería como oro puro. Lo que la mayoría de nosotros llama «caca», el jardinero lo llama «puro potencial», porque lo reconoce como el ingrediente exacto que necesita para nutrir su jardín.

Detestar cualquier parte de nuestra receta nos garantiza que atraeremos experiencias dolorosas a nuestras vidas. Los iguales se atraen. Nuestro dolor no procesado y el odio hacia nosotros mismos atraerán a personas y acontecimientos que nos devolverán el reflejo de cómo nos sentimos respecto a nosotros. Tanto si es en forma de accidentes, o de relaciones abusivas, o de ruina económica, o de malos empleos, encontraremos constantemente maneras de hacernos daño, porque tenemos la creencia profundamente establecida de que hay algo mal en nosotros o que lo que nos ha ocurrido es malo. Cuando no somos capaces de ver la Divinidad de nuestra receta, estamos condenados a vivir una vida llena de ira, decepción, necesidad y anhelos. Nuestros traumas, nuestras heridas, nuestras decepciones y nuestro dolor han llegado con regalos, pero hasta que sean procesados seguirán siendo grumos sin tratar en nuestra mezcla. Cuando extraemos la sabiduría de esas experiencias, encontramos los ingredientes únicos de nuestra receta. Todos tenemos las cualidades, las capacidades, la sabiduría, la perfección, la imperfección y los recursos necesarios para producir y dar los dones que sólo nosotros poseemos.

En términos metafóricos, este proceso tiene que ver con juntar, tamizar, mezclar y armonizar los ingredientes que ya tenemos para hacer el mejor postre imaginable. En términos universales, tiene que ver con aceptar e integrar cada una de las partes que han contribuido a convertirnos en quienes somos hoy, para que podamos entregar nuestra creación única al mundo. Aceptarnos en el nivel más profundo y ofrecer nuestra receta única al Universo es el banquete más estupendo del espíritu humano.

Nuestros dramas son una parte indestructible de quienes somos. No importa lo que hagamos, o cuánto lo intentemos, no podemos deshacernos de ellos. La única opción que tenemos es decidir si vamos a utilizarlos o si ellos van a utilizarnos a nosotros. Yo he elegido usar la dramática historia de mi vida para escribir libros, para aportar cosas a otras personas y para ganarme la vida. Quizás hubiera un plan maestro para mí: sufrir infinitamente durante veintiséis años y luego aprender de mi pasado, sanar el dolor, y dar un giro y ayudar a otras personas a trascender su sufrimiento. Actualmente me siento agradecida por mi sufrimiento, porque sé que sin él no podría enseñar lo que enseño. Doy gracias a Dios por la porquería y los traumas de mi pasado; de no ser por ellos, la mitad de las páginas de mis libros estarían vacías.

Examina tu receta, examina tu historia y observa cuáles son las cosas que no estás aceptando y apreciando. Este es un buen punto de partida. Hasta que te des cuenta de la necesidad de reconocer *todo* lo que eres, no podrás extraer las joyas que hay en cada una de las experiencias de tu vida y tu historia seguirá utilizándote. Continuará dándote golpes en la cabeza y haciéndote actuar como si fueras pequeño, o pequeña. Pero en cuanto te des cuenta del valor de las partes que detestas así como de aquellas que te hacen sentir bien, en cuanto reconozcas que ese acontecimiento doloroso es el ingrediente perfecto para hacer que tu receta esté completa, contemplarás la magia de la transformación. Apreciarás lo que antes considerabas una maldición. Verás cómo lo horrible se vuelve sagrado.

Recuerda: puedes pasar los próximos cuarenta años intentando extraer algunos ingredientes de tu mezcla, o puedes simplemente removerla y dejar que todos tus traumas, tus victorias, tus penas y tus alegrías se combinen formando la combinación Divina llamada «Tú».

Pasos de acción sanadores

1. Repasa tu vida, recordando las experiencias que dieron forma más profundamente a quien eres hoy. Haz una lista de las victorias, las pérdidas, las alegrías, las penas y las desilusiones significativas que han hecho que tu vida sea distinta a otras.

2. Haz una lista de los aspectos de ti y de tu vida que te cuesta aceptar: las partes de tu receta de las que has intentado deshacerte. Quizás te hayas resistido durante mucho tiempo al hecho de que no te atraen los deportes o a la percepción de que eres menos atractivo o atractiva que otras personas. ¿Te has sentido engañado o derrotado por alguna desventaja, o por haber perdido un amor o dinero, o por un trauma que ocurrió hace muchos años? Haz una lista de todos los ingredientes de tu receta que crees que no tienen ningún valor o que han sido como una espina clavada en tu costado.

Pensamiento

«Cada aspecto de mí y de mi vida
aporta un ingrediente esencial
que me permite realizar
mi propósito Divino.»

3

Explora tu historia magnífica y misteriosa

Cada uno de nosotros tiene una historia que es suya de una forma única. Como una huella dactilar, nos distingue y nos separa de los que nos rodean. Grabada dentro de nuestras historias está la acumulación de todo lo que ha dejado una huella en nuestras vidas. Cada persona, cada acontecimiento, cada circunstancia y cada situación que nos ha afectado profundamente llega hasta el interior de nuestra psique. Tanto si hemos tenido un padre estupendo o una madre estupenda, o una enfermedad en la niñez, como un maestro inspirador, o un cuidador negligente que haya hecho mella en nuestras vidas, cada una de esas experiencias permanece con nosotros, convirtiéndose en una parte integral de nuestra identidad. Las conclusiones a las que llegamos a raíz de esos acontecimientos, así como los significados que les asignamos, quedan profundamente arraigadas en nuestra psique, creando el argumento de nuestros dramas personales.

Quiero asegurarme de que comprendes que tu historia no es mala. De hecho, probablemente sea tu bien más preciado. Pero es sumamente importante que sepas que, aunque tu historia no es mala, es limitadora. Tu historia encapsula tu existencia, limitándola a una parte pequeña, insignificante, de tu humanidad, en lugar de permitir que tengas acceso a todo tu ser. Pero en cuanto reconoces tu historia, haces las paces con ella y extraes sus ingredientes esenciales, puedes salir de la pequeñez de tus pensamientos más bajos y entrar en la realización de tus sueños más magníficos.

Distinguir tu historia

Nuestras historias contienen la colección de sentimientos, creencias y conclusiones que hemos estado acumulando y arrastrando durante la totalidad de nuestras vidas. Nuestras historias son pesadas porque viven dentro de nuestros egos, y nuestros egos son casi *siempre* serios. Rara vez están llenos de luz, de amor y del deleite de un niño que juega. En la mayoría de los casos están centrados en lo negativo. Todas nuestras historias existen sobre la base de lo que podría haber sido, debería haber sido, o habría podido ser. Nuestras historias están salpicadas de dolor, pérdidas y pesares, y tienen un baño de esperanza, deseo y fantasía. Nuestros dramas viven en el recuerdo del pasado y en la fantasía del futuro. Cada pensamiento negativo sobre el pasado que entra en nuestras mentes vive dentro de nuestras historias, al igual que todos nuestros sentimientos de pérdida y desesperanza. Nuestras fantasías sobre «El día que esto ocurra», o «Cuando finalmente consiga mi objetivo», viven dentro de nuestras historias. En muy raras ocasiones se presentan nuestras historias en el momento presente, cuando estamos simplemente existiendo con la realidad. Como sombras, nos siguen adondequiera que vamos, ocultando la verdad de quienes somos. Nunca están fuera de nuestra vista, pero solamente pueden verse cuando las examinamos a la luz del día.

Hace poco dirigí un taller de fin de semana como parte de un programa integrador de asesoría de siete meses de duración. En la segunda noche del taller, decidimos hacer una «fiesta de pijama». Sesenta personas nos acurrucamos dentro de nuestros pijamas favoritos y nos preparamos para pasar una noche de «historias» llena de diversión. Yo llevaba puesto mi pijama favorito chino mandarín, mientras que otros vinieron vestidos con pijamas de franela, camisones y batas. Algunos de los hombres llevaban puestas unas camisetas muy grandes y unos pantalones cortos tipo *boxer* con unos estampados muy monos. Puesto que esa noche el tema central era distinguir y compartir nuestros dramas personales individuales, yo quería crear un atmósfera ligera e inspiradora para desactivar la seriedad que la mayoría de nosotros da a sus historias. Les expliqué que nos tomamos nuestras historias tan en serio que nos creemos que son la verdad.

La finalidad de nuestra fiesta en pijama era explorar y exponer nuestras historias y las creencias-sombra que mantienen a nuestros dramas ahí. Pedí a todos que cerrasen los ojos e intentasen recordar alguna ocasión en su infancia, antes de la edad de cinco o seis años, en la que se hubieran sentido perdidos, solos, tristes o asustados; una ocasión en la que hubiera ocurrido algo que sacudiera su realidad. Les pedí que prestasen atención a cualquier acontecimiento que les viniese a la mente y les expliqué que, aunque quizás no comprendieran su importancia, en ese incidente había una pista sobre el tema de su drama personal.

Le conté al grupo lo que apareció en mi caso la primera vez que realicé este ejercicio. El incidente que me vino a la mente fue una escena delante de la casa en la que vivía cuando tenía tres años. Pude ver a muchas personas corriendo de aquí a allá, buscando detrás de los arbustos y hablando secretamente unas con otras. Yo estaba de pie a un lado de la casa, acurrucada en un rincón, cerca de la pared. Alguien acababa de robar en una tienda de nuestro barrio y la policía creía que el hombre había pasado por nuestro jardín. Toda mi familia y nuestros vecinos estaban buscando pistas con excitación para ayudar a capturar al delincuente. Yo estaba asustada y separada de la multitud. Nadie pareció percatarse de mi presencia. Me sentí como si estuviera atrapada en un mundo del que yo no formaba parte. Lo único que podía ver, a través de los ojos de una niña de tres años, era a un puñado de adultos a los que no les importaba dónde estaba yo, o qué estaba haciendo.

Sin saberlo, ese día tomé una decisión crítica que alteraría para siempre mi forma de percibirme a mí misma y a los demás. Hice que este incidente significara que yo no le importaba a nadie. Y, como cualquier buen ser humano, creé una explicación de *por qué* nadie me prestaba atención. Decidí que debía de ser porque yo no era lo bastante importante como para merecer su atención, porque, después de todo, si hubiese sido importante, mi familia y mis familiares se habrían percatado de mi presencia y les habría importado el hecho de que me sentía sola e ignorada. Ciertamente, podría haber elegido cualquiera de una gran cantidad de interpretaciones, pero una vez dentro de mi historia, tenía que elegir la explicación más derrotista que pudiera encontrar. Resulta ser, y no me sorprende, que «No le importo a nadie» es una de mis creencias-sombra fundamentales y es el tema central de mi saga personal. Al volver allí más de treinta años más tarde, todavía me sentía completamente dejada de lado y sola.

Después de contar esta historia, al grupo le quedó claro cuál era su asignación para esa noche. Entonces todos emprendieron la misión de destapar el drama de sus vidas, la historia que definía quiénes eran y que los mantenía atrapados dentro de la cápsula de sus realidades individuales. Nos dividimos en grupos más pequeños, apretados en pequeños círculos cerrados, y empezamos.

Peter, un hombre de treinta y tantos años de voz suave, decidió ser el primero del grupo en hablar. Se quedó ahí sentado, mirándonos sin expresión en el rostro. Le pedí que cerrara los ojos y recordara un incidente de su pasado. Después de unos minutos, Peter comenzó a describir la época en la que tenía seis años. Su madre había entrado en su habitación mientras él estaba jugando con su mejor amigo, John, y, con ira en su voz, había empezado a reñir a los niños por haber dejado sus bicicletas en el porche delantero. Al ver que Peter no le respondía, ella había entrado en un ataque de ira y había comenzado a gritar, abofeteándolo y diciéndole que no valía para nada y que ojalá nunca lo hubiera tenido. Peter se había quedado traumatizado. Se quedó ahí sentado, empapado en sus propias lágrimas. Ese día decidió que las palabras y los actos de su madre significaban que él era malo y que no merecía vivir.

Veintinueve años más tarde, la humillación de ese acontecimiento todavía se reflejaba en su rostro. Por el grado de la emoción de Peter y la claridad con que había recordado ese incidente, era evidente que había dado con una de sus creencias-sombra fundamentales: «No valgo para nada». Junto con el grupo, Peter empezó a buscar las maneras en que este tema se había entretejido con otros acontecimientos de su vida. En poco tiempo, relató otros numerosos incidentes sobre su madre dominante y maltratadora, y sobre la forma en que ella confirmaba su creencia de que, sin duda, él «no valía para nada». Peter nos contó todas las formas en que ella lo había dominado. Nos dijo que se sentía incapaz de hacerle frente y de ser un hombre, y que, como resultado de ello, nunca había aprendido a hacer frente a las mujeres que llegaban a su vida.

Peter se encontraba continuamente con mujeres que le recordaban que él no estaba a la altura para estar con ellas. Dolorosamente, nos contó todas las formas en que las mujeres se habían aprovechado de él, y lo desvalido que se sentía cuando estaba en presencia de una mujer a la que amaba. Peter dijo que intentaba demostrar su valía esforzándose por hacer que la mujer se sintiera a gusto en sus relaciones, y que se esforzaba por ser útil y por ayudar. Pero añadió que siempre parecía fracasar. Su historia le confirmaba constantemente que su madre tenía razón y que, ciertamente, él «no vale para nada».

* * *

Elizabeth, una chica tímida que era una de las más jóvenes de nuestro grupo, esperó en silencio a su turno y solamente habló después de que yo le asegurara que todo iba a ir bien. Con una voz suave, Elizabeth nos contó que era hija única y que sus padres eran unos profesionales muy cultos que siempre habían tenido unas expectativas muy elevadas respecto a ella. Para gran decepción de sus padres, Elizabeth nunca fue una buena alumna. Incluso los mejores tutores no pudieron ayudarla a subir sus notas a la altura de la media, y cuando tenía diecisiete años recibió la aplastante noticia de que no había sido aceptada en la universidad que sus padres habían elegido para ella.

Elizabeth hizo que este incidente significara «Algo no funciona en mí», y esa creencia-sombra se convirtió en el tema de la historia de su vida. Se sentía un fracaso y se resignó al hecho de que nunca llegaría a nada en la vida. Puesto que ya había decidido que no era lo bastante lista como para ganarse la aprobación de sus padres, optó por dejar la universidad y centró toda su atención en casarse y formar una familia. Pero después de tres años intentando quedarse embarazada, los médicos le dijeron que no podía tener hijos. Una vez más, Elizabeth se enfrentó al abrumador sentimiento de que «algo no funcionaba en ella», y de que ella era una decepción para su marido y para sí misma.

* * *

Las historias continuaron. Cuantas más oíamos, más claro nos quedaba que cada uno de nosotros estaba viviendo de acuerdo con las creencias-sombra que se habían convertido en el tema de sus historias. Pasábamos el tiempo creando acontecimientos y situaciones que nos permitían representar los temas de nuestros dramas. No importaba cuánto dolor rodeara las historias, o lo que decidíamos que significarían los acontecimientos de nuestras vidas; una cosa era universal: la historia siempre era dramática, repetitiva y sumamente personal. Todos los temas principales, aunque eran ligeramente distintos, decían llorando: «Algo no funciona en mí. No valgo lo suficiente. Mi vida no le importa a nadie». La canción principal era: «Pobre de mí, pobre de mí, pobre de mí».

A lo largo de la noche, empezamos a extraer las creencias-sombra que se infiltraban en todas nuestras historias personales. Hasta esa noche, la mayoría de las personas que estaban ahí sentadas habían creído que esas creencias eran la verdad, en lugar de lo que realmente eran: creencias-sombra que se habían convertido en el argumento principal de sus dramas. Les expliqué que, aunque cada uno de nosotros tiene muchas creencias-sombra, una de ellas asumirá el tema central en nuestros dramas personales: de ahí el tema «No valgo para nada» de Peter y el «Algo no funciona en mí» de Elizabeth. En los últimos diez años he conducido a miles de personas a través del Proceso en la Sombra, un taller transformador de tres días, y al hacerlo he descubierto que hay tres creencias-sombra principales que tienen en común prácticamente todos los seres humanos. Esas creencias son:

- No valgo lo suficiente.
- No le importo a nadie.
- Algo no funciona en mí.

También he descubierto que hay infinitas variaciones de estas creencias. Mientras lees la lista de creencias-sombra que aparece a continuación, observa si puedes identificar la creencia central que sirve como el tema de tu historia.

- No gusto a nadie.
- No encajo.
- Algo no funciona en mí.
- Soy demasiado estúpido/a.
- Soy incompetente.
- No soy querido.
- No valgo lo suficiente.
- Soy un felpudo.
- No soy especial.

- Soy indigno/a.
- No merezco nada.
- No soy importante.
- Soy inadecuado/a.
- Soy incapaz.
- Soy insignificante.
- Soy un/a inútil.
- Mi vida no cambia nada.
- Soy un don nadie.
- No soy normal.
- Soy despreciable.
- Soy un error.
- Soy malo/a.
- No estoy bien.
- Estoy incompleto/a.
- Soy imperfecto/a.
- Soy antipático/a.
- Soy un fracaso.
- A nadie le importo.
- No puedo confiar en nadie.

Cuando nuestras creencias-sombra se desencadenan, refuerzan nuestras historias, demostrándonos lo «precisos» y lo «ciertos» que realmente son nuestros dramas. Cada pensamiento que tenemos desencadena una respuesta en nuestro cuerpo, y cuando estamos viviendo dentro de nuestras historias, tenemos acceso a una gama de emociones muy limitada. Estos son algunos de los sentimientos que viven dentro de nuestras historias: resignación, carencia, privación, resentimiento, victimización, soledad, ira, culpa, vergüenza, desesperación, desesperanza, tristeza, miedo, culpa, celos, envidia, pesar, lástima de uno mismo y odio hacia uno mismo. Cada uno de los que contamos nuestra historia aquella noche pudimos ver que estas emociones habían sido nuestras compañeras constantes.

En la seguridad de nuestra fiesta en pijama, fue fácil ver lo pequeños que nos habíamos hecho a nosotros mismos. Aunque había algo bueno en todas nuestras historias, en nuestro grupo de sesenta personas hubo pocas historias que exclamaran: «¡Mírame! ¡Mira qué estupenda soy!», o «¡Mira que ser humano tan extraordinario he resultado ser!». Hubo pocas historias que estuvieran guiadas por el amor, la compasión o el contento. Aunque muchas de las personas de nuestro grupo habían logrado cosas asombrosas y eran muy respetadas en su campo, las historias no eran de grandeza y de magnificencia, sino que más bien trataban sobre el miedo de un niño que se había creído una mentira sobre quién era y de lo que era capaz. Lo que salió a la luz esa noche fueron todas nuestras pérdidas y nuestra desesperación, todo lo que faltaba o escaseaba en nuestras vidas. El mensaje constante que cada uno de nosotros transmitió fue «Si al menos...»: Si al menos hubiésemos tenido unos padres, unos amantes, unos amigos, unos cuerpos, una suerte o unos cerebros distintos; si al menos hubiésemos recibido una mejor educación o hubiésemos tenido una familia que nos apoyara más; entonces seríamos las personas que más deseábamos ser. Todos pudimos ver que habíamos renunciado a nuestra grandeza y a nuestro poder en algún ámbito de nuestras vidas para seguir estando encerrados dentro de nuestras historias.

Todos pudimos ver ámbitos concretos de nuestras vidas en los que nuestros dramas se representaban. Algunas de nuestras historias giraban en torno a nuestras carreras; otras representaban nuestros dramas sobre el escenario de nuestras relaciones, nuestras familias o nuestra economía. Algunos de nuestros dramas aparecían en nuestros estados emocionales o en nuestros cuerpos físicos. A menudo, nuestros dramas se superponían en dos o tres ámbitos de nuestras vidas. Pero lo importante es que esa noche vimos que, en algún momento en todas nuestras vidas, salimos del mundo de las posibilidades infinitas y entramos en el mundo de nuestra propia realidad limitada. Ahí fue donde comenzaron nuestros problemas y se originaron nuestras limitaciones.

Muchas personas pudieron identificar la historia que habían creado en su infancia, pero les costó ver el impacto que dicha historia tenía en sus vidas en la actualidad. Algunas contaron que sus vidas estaban completamente vacías de drama: su historia era que no tenían ningún drama o ninguna historia. Donna, una psicóloga clínica, dijo que ella tenía una vida maravillosa. Tenía dos hijos y una consulta de éxito, y se quedó perpleja ante cómo se relacionaba con ella toda la idea de la historia. Le dije que me hablara un poco de su vida. «Tuve una madre y un padre estupendos, tuve una buena infancia y todo está bien. De hecho, siempre he sido la roca de nuestra familia, la persona a la que todo el mundo llama cuando necesita oír unas palabras tranquilizadoras. Siempre he sido la voz de la cordura». En ese momento, nuestras miradas se encontraron y Donna oyó sus propias palabras. Eran, más o menos, exactamente las mismas palabras que había pronunciado miles de veces con anterioridad para describir su vida. Salieron de su boca automáticamente. Asombrada, Donna se dio cuenta de que, sin darse cuenta, acababa de revelar el tema de su historia: que «todo está bien». Independientemente de lo que estuviera ocurriendo en su vida, ella siempre podía poner una sonrisa en su rostro, salir de una situación difícil por sus propios pies y convencerse de que todo estaba perfectamente bien.

Es importante señalar que no todas las historias son tristes, traumáticas o dolorosas. Hay algunas cuyo tema es «Todo está estupendamente» o «Estoy perfectamente, gracias». Pero incluso esas historias «felices» se quedan sin combustible y tienen pesadas limitaciones. Para Donna, vivir dentro de la historia de que «todo está bien» le impedía correr riesgos que podrían implicar ver que su vida no siempre era perfecta o feliz. Su historia la mantenía atrapada dentro de una realidad segura pero limitada. Aunque ella vivía en la ilusión de felicidad, sacrificaba la audacia, la aventura y la extravagancia, y ello no le permitía examinar nunca sus deseos más profundos.

Oye la canción de tu historia

«¿Cómo podemos saber cuándo estamos dentro de nuestras historias?», «¿Cómo podemos oírlas?». Esas eran las preguntas para las que todos querían una respuesta. Una manera segura de averiguar si estamos viviendo dentro de nuestra historia es examinar la cualidad de nuestros pensamientos y del diálogo interno en el que entramos a diario. Muchas personas pasan la mayor parte de sus vidas en un lugar que no es el lugar en el que se encuentran en el presente. Cuando están en el trabajo, están pensando en estar en casa. Cuando están en casa, están pensando en irse de vacaciones. Cuando están con sus hijos en el parque, están pensando en ver su programa favorito en televisión. Sus cuerpos están presentes, pero sus mentes están en alguna otra parte. Sé que yo pasé los primeros treinta años de mi vida en un lugar distinto al lugar en que me encontraba. Vivía para las fantasías en mi mente, soñando con lo que podría hacerme sentir mejor, siempre intentando dar unos finales más felices a los aspectos de mi vida que no eran felices en absoluto. Pasé al menos veinte años soñando con el hombre de mis sueños y pensando que cuando lo conociera finalmente alcanzaría la utopía.

Contemplar el futuro es una señal segura de que estamos profundamente dentro de nuestras historias. Cuando no estaba soñando con el futuro, pasaba el tiempo pensando en el pasado: en todo lo que fue mal, en todo lo que debería haber resultado de otra manera. Podía pasar una semana reviviendo una discusión que había tenido con alguien en una tienda de alimentos sobre quién estaba primero en la cola. Cuando estás dentro de tu historia, la cualidad de tus pensamientos puede ser desde temerosos y morbosos (como cuando te preocupas por accidentes extraños o tragedias poco probables) hasta triviales y absurdos (como cuando te obsesionas con un botón en tu chaqueta o con el hecho de que el perro de tu vecino haga sus necesidades en tu jardín).

Cuando estamos dentro de nuestras historias, jamás tenemos un pensamiento sólo una vez. No pensamos «Me encantaría tener una relación estupenda», y luego lo dejamos ahí. Pensamos «Ay, espero que él llegue pronto. Espero que no tenga una ex mujer. Espero que sea amable y cariñoso y que me compre un anillo. Espero que no eructe ruidosamente ni deje mal olor en el baño». Es posible que soñemos con estar tumbados en la playa en Hawái, con un aspecto inmejorable y teniendo unas relaciones sexuales apasionadas y satisfactorias. Entonces pensamos: «Espero que él no me haga daño. Espero que no sea como el último tarado mentiroso con el que estuve». Y luego pensamos en el último idiota con el que tuvimos una relación y nos vamos por la tangente pensando en el daño que nos hicieron y en cuánto mejor estaríamos ahora si no nos hubiésemos liado con esa persona. Dentro de nuestras historias volvemos a tener los mismos pensamientos una y otra vez: futuro, pasado, futuro, pasado, futuro, pasado, pasado, pasado... Y así continúa y continúa. Es inagotable. Cuando vivimos dentro de la pequeñez de nuestras historias individuales, a menudo es tan doloroso que la única manera en que nuestras mentes se pueden enfrentar al dolor es soñando despiertas o permaneciendo en el pasado.

Conoce tu Caja de Sombras

Todo este diálogo interno continúa dentro de lo que yo llamo la *Caja de Sombras*: el recipiente que contiene el diálogo constante e interminable que vive en nuestras mentes. Imagina el radiocasete más ruidoso que alguna vez te haya alterado un momento de paz en la playa. Ahora, ponlo dentro de tu cabeza. Esto te dará una idea del ruido perturbador de tu Caja de Sombras. Tu Caja de Sombras está llena de todos los pensamientos que alguna vez reprimiste: todos tus juicios, toda tu rectitud, todas tus heridas emocionales no procesadas y todas tus creencias inconscientes. Tu diálogo interno negativo es como una indigestión psíquica. Hasta que digieras todos los pensamientos y sentimientos inconscientes que viven dentro de tu psique, continuarás viviendo en el ruido y la incomodidad de tu Caja de Sombras. Detente un momento y escucha los pensamientos que hay en tu mente. Ahora, deja que tu atención se dirija hacia un proyecto que no se está realizando o una relación que no está funcionando. Ahora, vuelve a escuchar. A estas alturas ya deberías tener claro lo que es tu Caja de Sombras.

Nuestras Cajas de Sombras viven dentro de nuestras historias y van con nosotros adondequiera que vayamos. Nos susurran constantemente nuestros defectos, nuestras decepciones y todas nuestras deficiencias. Nuestras Cajas de Sombras nos hacen saber lo que realmente pensamos sobre nosotros mismos mientras estamos dentro de nuestras historias. Mientras nuestra intuición intenta desesperadamente captar nuestra atención, en la mayoría de los casos le damos la espalda, jurando nuestra lealtad a nuestra Caja de Sombras, esa voz familiar a la que le encanta recordarnos nuestros fracasos, nuestras deficiencias y nuestras limitaciones autoimpuestas.

Hace un par de años di una conferencia ante cien personas en el salón de baile de un gran hotel. Cuando comenzamos, todas las personas estaban cómodamente colocadas por toda la sala. Entonces, se disparó la alarma. Una voz fuerte se oyó en los altavoces y empezó a repetirse un mensaje grabado: «Este es un aviso de incendio. La alarma de incendios se ha activado. Por favor, diríjanse a la puerta de salida más cercana. Deben salir inmediatamente. Esta grabación no se apagará hasta que abandonen el edificio». Puesto que era la tercera vez que se disparaba la alarma ese día, nadie en la sala se preocupó. El salón de baile estaba en la planta baja y estábamos seguros de que podríamos huir si realmente había un incendio.

En ese momento sólo nos quedaban cuarenta y cinco minutos para estar reunidos y decidimos colocarnos juntos en un lado de la sala, para poder oírnos unos a otros al hablar y para que yo pudiera terminar mi conferencia. Como el mensaje del aviso de incendio se repetía una y otra vez, yo tenía que levantar la voz para que todos pudieran oírme. Aunque estaban más interesados en lo que yo estaba diciendo que en lo que estaba repitiendo el mensaje grabado, no podían evitar distraerse. Entonces se me ocurrió que esa grabación era un ejemplo magnífico de nuestros torturadores diálogos internos. Pregunté al grupo: «¿Cuántos de vosotros elegiríais escuchar esta grabación todo el día durante el resto de vuestras vidas? ¿Cuántos de vosotros os compraríais una pequeña caja que repitiera esta grabación y la escucharíais mientras trabajáis, mientras salís en una cita, o cuando estáis viendo una película? ¿Alguno de vosotros compraría deliberadamente una caja así y la llevaría consigo adondequiera que fuera, aferrándose a ella como si su vida dependiera de ello?». Por supuesto, todos dijeron que no.

Me quedé en silencio durante unos minutos para que mi público pudiera escuchar, una vez más, la grabación que repetía el importantísimo mensaje. Entonces, mirándolos profundamente a los ojos, pregunté: «¿Cuántos de vosotros pasáis más de una hora al día escuchando parloteo interno que continúa incesantemente en vuestra cabeza?». Todos se quedaron en silencio, empezando a entender lo que yo quería decir. Todos se dieron cuenta de que habían gastado una gran parte de su valiosa energía escuchando la grabación repetitiva que suena una y otra vez dentro de sus mentes, diciendo cosas como: «Eso no estuvo muy bien. Eso no fue muy inteligente. No deberías haber dicho eso. ¿De qué está hablando? ¿Por qué no apaga esa grabación ahora?». O podría continuar farfullando: «No he pagado todo este dinero para venir a una conferencia y pasarme el día oyendo esa alarma. Me gustaría que esa mujer fuera al grano». O quizás te levantas por la mañana junto a tu marido y, en tu mente, escuchas: «¿Por qué no se lava los dientes antes de tomar su café? Si al menos ganara más dinero, yo no tendría que trabajar tan duro». Quizás tu Caja de Sombras escupa cosas como «A nadie le importa lo que pienso. Estoy tan solo, nadie quiere ser mi amigo». O quizás no terminaste el proyecto de ayer a tiempo y tu Caja de Sombras te recuerda: «Mira lo que has hecho esta vez. Realmente la has cagado, eres igual que tu padre». Pero lo que es más perturbador es que, no importa cuántas veces lo hayas oído en tu cabeza, *todavía* lo sigues escuchando. Escuchas una y otra vez, tomándote en serio a esa voz.

¿Cuántos de vosotros habéis pasado miles de horas escuchando a esa caja en vuestra mente? Quizás incluso hayáis evitado ir a una fiesta o divertiros de alguna otra manera para poder quedaros en casa escuchando a esa caja. Algunos de vosotros os habéis impedido a vosotros mismos intentar conseguir un puesto mejor o hacer un doctorado, basando vuestros actos únicamente en el *feedback* que habéis recibido de vuestra pequeña y encantadora Caja de Sombras. Alguien sugirió que yo inventara una Caja de Sombras: por tan solo 14,95 dólares programaré tu diálogo interno para que puedas escucharlo todos los días. Puedes llevarlo contigo adondequiera que vayas. O puede funcionar como un despertador parlante. Simplemente tienes que encenderlo por la mañana y dirá: «Buenos días. Dios, tienes un aspecto horrible hoy». De ese modo, ni siquiera tendrás que decirlo tú. Tu Caja de Sombras te dirá: «No te va a ocurrir nada que valga la pena. Tú no tienes lo que hay que tener. Las cosas nunca van a mejorar. Más vale que te quedes en la cama hoy, porque de todos modos nadie se fijará en ti». Quizás estés pidiendo un aumento de sueldo, pero tu Caja de Sombras gritará: «¡A ti eso nunca te va a ocurrir! No es justo. Realmente no te aprecian. La vida es dura. ¿Qué sabes tú? Eres un perdedor. Nunca vas a conseguirlo». O, «Pobre de mí, ¿por qué no me dejan en paz? Quizás pueda ganar la lotería esta semana. Entonces seré feliz». O si estás en racha y las cosas te están yendo estupendamente, tu encantadora compañera intervendrá: «Si te creces demasiado, no gustarás a la gente. No puedes tenerlo todo. No te creas mejor de lo que eres».

Me sentía entusiasmada y afortunada de haber tenido esa experiencia con la alarma de incendios, porque la mayoría de la gente nunca llega a entender que su diálogo interno es como una mala cinta que suena una y otra vez, inconscientemente, sin corregirse. La mayoría de nosotros elige escuchar esa voz todos los días. La mayoría de nosotros la escucha con tanta atención que ni siquiera puede oír lo que le dice la gente que está a su alrededor. La Caja de Sombras habla con certeza, y si empiezas a ignorarla, te dirá: «No, escucha. Esto es importante. Tú no le gustas a nadie. No, *en serio*, no le gustas a nadie». O «Nunca vas a conseguir nada. Realmente, no eres más que un perdedor». Así es como te absorbe tu Caja de Sombras. Cada vez que te crees lo que te dice, te estás creyendo tu historia.

Para captar la naturaleza repetitiva de tu Caja de Sombras, podrías intentar registrar tu diálogo interno durante un mes, aproximadamente. Luego podrás mirar atrás y decir: «Ah, ¡ya he oído esta conversación antes! Mira, la escuché el 4 de febrero de 1999 y el 14 de abril de 1998, en 1984, 1981... La he oído cuarenta y tres veces este año, sesenta y cuatro veces el año pasado...». ¿Cuántas horas al día crees que pasas escuchando a esa Caja de Sombras, analizándola, negociando con ella? Es como un laberinto. Crees que en realidad hay unas galletitas al final del túnel. Crees que si la escuchas el tiempo suficiente vas a obtener alguna recompensa. Pero esa es la *gran mentira.* No hay ninguna galleta al final de ese túnel y no serás recompensado si escuchas el tiempo suficiente. No obstante, tu Caja de Sombras sí actúa como una alarma. La grabación de la alarma está diciendo: «Esto es una grabación. Estás viviendo dentro de la historia llamada «Tú». Si deseas apagar esta alarma debes dar un gran paso para salir de tu historia. Una vez que estés fuera, esta grabación se apagará automáticamente. Gracias por escuchar, y que tengas un bonito día».

Mucho después de que hubiesen desconectado la alarma de incendios del hotel, nos quedamos riéndonos de nuestras Cajas de Sombras, que habían sido sacadas de la sombra de nuestras consciencias y se extendían como un gigantesco bufet de diálogos internos para ser vistas por todo el grupo. Todos se dieron cuenta de lo protectores que se sentían respecto a sus Cajas de Sombras, como si mostrar su parloteo negativo constituyera algún tipo de enorme traición. La mayoría de las personas pudo ver que consideraban que su diálogo interior era único y especial. Nadie se atrevió a reconocer lo similares que eran los mensajes de sus Cajas de Sombras para las personas que estaban sentadas a su alrededor. La mayoría de nosotros, o quizás todos, habíamos pasado una gran parte de nuestras vidas intentando silenciar sus Cajas de Sombras y, por lo que pudimos ver, todos habíamos fracasado. Habíamos intentado apaciguarlas, negociar con ellas y manipularlas. Algunos habíamos intentado reprimirlas y drogarlas: cualquier cosa para hacerlas callar para poder disfrutar de nuestras vidas, para poder salir de las historias interminables y predecibles de nosotros mismos.

Lo más probable es que hayas pasado años esforzándote por modificar, mejorar, corregir, ajustar y arreglar tu historia, sin ser consciente de ninguna otra opción. Mi objetivo es ofreceros otra opción, una que descansa en la comprensión de que vosotros no sois vuestras historias, ninguna de ellas. Quiero que veáis que, aunque tenéis muchas historias, muchas creencias-sombra y una Caja de Sombras sumamente habladora, todo ello llega con muchos regalos: regalos que tienen la intención de impulsarte a salir de tu historia y hacia la expresión más magnífica de ti mismo. Todos ellos están aquí para que aprendas de ellos y luego los uses para hacer tu aportación única al mundo. Te prometo que la vida por la que estás luchando está más allá de lo que conoces y mucho más allá de las limitaciones de tu historia.

Pasos de acción sanadores

1. Escribe la historia de tu vida con todos sus detalles dramáticos. Pon especial énfasis en lo que no funcionó y en lo que podría haber sido, debería haber sido o habría sido mejor. Concédete

la libertad de ser absolutamente cándido respecto a tus fracasos, pérdidas, decepciones y pesares, así como a tus esperanzas, deseos y sueños. Da voz a los pensamientos, sentimientos y creencias que viven dentro de tu historia.

2. Lee tu drama personal y fíjate en si puedes empezar a distinguir un tema concreto. ¿Hay alguna pauta subyacente que se haya repetido una y otra vez durante los acontecimientos de tu vida? ¿Con frecuencia acabas sintiendo que te han dejado de lado, abandonado, traicionado, que no te han respetado, que no te han tenido en cuenta o que se han aprovechado de ti? ¿Cuál es el sabor distintivo de tu historia de «Pobre de mí»?

3. Para descubrir las creencias-sombra que impulsan tu drama personal, haz una lista de las conclusiones a las que has llegado a partir de los acontecimientos de tu vida y de los significados que les has asignado a dichos acontecimientos. Vuelve a leer la historia personal que escribiste en el primer paso de esta sección y, mientras reflexionas sobre cada acontecimiento importante en tu vida, pregúntate: «¿Qué decidí que eso significaba sobre mí?». Quizás te ayude repasar la lista de creencias-sombra presentadas antes en este capítulo. Comprueba si puedes distinguir tus tres principales creencias-sombra. Esto te ayudará a descubrir el tema de tu historia.

4. Dedica algunas páginas de tu diario a escribir el diálogo interno repetitivo que es emitido desde tu Caja de Sombras. Fíjate en la conversación de tu historia, sin juzgarla.

Pensamiento

«La verdad más profunda
es que tengo una historia,
pero yo no soy mi historia.»

4

Por qué te aferras a tu historia

Nuestro miedo al cambio, nuestro miedo a entrar en nuevas realidades, es tan profundo que nos aferramos desesperadamente al mundo que conocemos. A menudo confundimos familiaridad con seguridad. El consuelo que percibimos que obtenemos de lo que es familiar nos mantiene viviendo en la ilusión de nuestras historias. Pero la pregunta sobre la que deberíamos reflexionar es: ¿realmente estamos a salvo dentro de nuestras historias? En lugar de arriesgarnos a cambiar, nos aferramos a nuestra querida vida y nos resistimos a la incertidumbre de lo desconocido. En una ocasión leí una historia sobre una mujer que nadaba en un lago con una roca en la mano. Cuando la mujer se acercaba al centro del lago, empezó a hundirse por el peso de la piedra. «Suelta la piedra», le gritaron algunas personas que estaban observándola desde la orilla. Pero la mujer continuó nadando, desapareciendo por momentos debajo del agua. «¡Suelta la piedra», le gritó más fuerte la gente. La mujer había llegado al centro del lago y, por mucho que nadara, se hundía. Una vez más, la gente le rogó: «¡Suelta la piedra!». Mientras la mujer desaparecía de la vista por última vez, la oyeron decir: «No puedo. Es mía».

La mayoría de nosotros ha pasado demasiado tiempo resistiéndose a sus dramas, en lugar de buscar la sabiduría que hay en cada uno de nuestros aspectos, creencias y circunstancias no deseados. La resistencia nos encierra dentro del dolor emocional de una situación. Nos atrapa en la realidad que más queremos cambiar. La resistencia viene por desear o querer que nuestras circunstancias actuales sean distintas. Incluso el más mínimo deseo de que las cosas cambien puede crear grandes cantidades de resistencia humana. Tanto si estamos resistiéndonos a toda nuestra historia, como si sólo nos estamos resistiendo a una pequeña parte de ella, la resistencia nos produce un desequilibrio interior; actúa como un pegamento, adhiriéndonos a los mismos sentimientos y creencias de los que más queremos liberarnos. Aunque podría parecer un retroceso, lo primero que necesitamos hacer para sanar es aceptar todo aquello a lo que nos hemos estado resistiendo. Durante los últimos siete años, en más de cincuenta ciudades distintas, he repetido estas palabras: *Aquello a lo que te resistes, persiste.* Si te tomas en serio el significado de esta frase, tendrás el poder de realizar cambios permanentes y saludables en todos los ámbitos de tu vida. Aunque enseño continuamente a las personas a aceptar todo lo que son, la mayoría insiste en odiar o sentir aversión por algunos aspectos de sus vidas. No importa qué parte de sus vidas aparezca (sus cuerpos, sus relaciones, sus padres o sus finanzas), la resistencia y la sanación no van juntas. Si eliges resistirte a algo en tu vida (si lo odias, los juzgas, sientes aversión hacia eso) tienes garantizado que ese tema persistirá.

La resistencia nos niega la tranquilidad interior y el final feliz que tanto deseamos. Es el motivo por el cual seguimos igual. La resistencia a ir más allá y a dejar atrás nuestros problemas es la causa de los comportamientos repetitivos. La resistencia a lo que *es* nos quita energía vital y bloquea el fluir natural de nuestra evolución.

El coste de la resistencia

Nuestra resistencia se desencadena cada vez que decidimos que nosotros, los demás o el mundo, están equivocados. La creencia interna que establece nuestra resistencia dice: «Esto no debería ser así». Entonces gastamos toda nuestra energía intentando cambiar la realidad de nuestras circunstancias. Cuando doy conferencias, me encanta preguntar a la gente: «¿Cuántos de vosotros habéis pasado más de mil horas de vuestra vida intentando cambiar a las personas de vuestro entorno, o los acontecimientos de vuestro pasado, o alguna característica vuestra que no os gusta (que puede ser vuestro miedo, vuestro egoísmo, vuestra gordura, o vuestra cuenta bancaria)?». Todos, y quiero decir todos, levantan la mano. La mayoría de nosotros cree que si nos resistimos a las condiciones no deseadas de nuestras vidas durante el tiempo suficiente o con suficiente fuerza, éstas desaparecerán. Una cosa que puedo prometerte con absoluta certeza es que resistirte a lo que *es* jamás hará que desaparezca. Es posible que te lleve más profundamente a la negación y al interior de tu historia, pero no cambiará lo que te ocurrió cuando estabas ahí, no te ayudará a perder esos kilos que te sobran y no hará que te guste tu ex marido.

En mis clases de kárate, mi profesor me enseñó que a veces la mejor manera de salir de una situación difícil es soltándote. Por ejemplo, si un atacante me agarra del brazo, en lugar de tensarme y tirar de él, debo dar un paso hacia mi enemigo y relajar el brazo completamente. Tirar de mi brazo intentando liberarme de mi atacante desencadena en él la respuesta natural de asir con más fuerza. De modo que para zafarme de mi atacante primero debo rendirme a su agarre. Cuando me suelto y me relajo, el agarre de mi enemigo se relaja de una forma natural, dándome la oportunidad de liberarme. Nuestra respuesta inicial es siempre resistirnos a cualquier amenaza que percibimos. Sin embargo, es únicamente cuando respiramos profundamente, nos relajamos y nos dejamos caer en la experiencia que adoptamos una posición fuerte y tenemos acceso a todo nuestro poder y nuestra fuerza.

Para poder trascender nuestro sufrimiento, debemos ir contra nuestro instinto de aferrarnos y, en lugar de eso, debemos rendirnos al camino de la aceptación. Cualquier cosa que queramos cambiar, cualquier cosa que temamos, cualquier cosa que nos haga enfadar o que nos neguemos a aceptar nos mantendrá pegados al pasado y adheridos a nuestras historias y a las creencias-sombra que las impulsan. Para rendirnos a lo que *es* debemos ablandar nuestros corazones, dejar ir las expectativas que emanan de nuestras historias y aceptar lo que la vida nos presente. Rendirnos a todos los ingredientes que han conformado nuestras vidas nos invita a escuchar con oídos inocentes el mensaje más profundo de nuestro dolor, en lugar de ser detenidos por las conclusiones conocidas expresadas por nuestras Cajas de Sombras. Únicamente cuando admitimos que estamos aferrándonos a la comodidad de nuestras historias seremos capaces de suavizar nuestra resistencia y obtener la sabiduría de nuestras experiencias de vida. Únicamente tomando la nueva decisión de usar nuestras historias para querernos a nosotros mismos podremos ser libres para usarlas de la manera que fueron diseñadas para ser utilizadas. Te prometo que si te relajas, si renuncias como director general del Universo y dejas de ser el protagonista de tu drama, tu vida será más fácil y podrás oír la llamada interna de tu alma.

No va a venir nadie

No hay mejor momento para iniciar el proceso de ver tu historia como lo que es, con todas sus limitaciones y sus promesas, que ahora mismo. No hay nadie que pueda hacer esto por ti. Nadie va a venir a salvarte. Para mí, las corrientes cambiaron cuando me di cuenta de este hecho perturbador. Durante años estuve intentando hacer que mi vida mejorase. Me esforcé por cambiar las circunstancias de mi vida, pero nunca conseguía los resultados deseados. Pero un día, estando sentada en el suelo del baño de mi apartamento y sintiendo lástima de mí misma, se me encendió una luz y me di cuenta de algo profundo que cambió mi vida: no iba a venir nadie.

Podía continuar sufriendo, esforzándome e intentando hacer que mi historia fuera agradable, llena de diversión y fácil, como lo había soñado, o podía levantarme del suelo, crecer y enfrentarme al hecho de que nadie iba a venir a salvarme. En un momento de gracia, me di cuenta de que había estado toda mi vida esperando a que mi madre, mi padre o el hombre de mis sueños viniera a recogerme y me dijera que yo era perfecta, que mi vida era perfecta, que podía tener cualquier cosa que quisiera, y que me prometiera que a partir de ese momento tendríamos una existencia de cuento de hadas.

Inconscientemente, la mayoría de nosotros está esperando a que alguien o algo nos rescate. Pero estoy aquí para decirte que no va a venir nadie: ni tu madre, ni tu padre, ni un príncipe cabalgando en un caballo blanco. Aunque la mayoría de nosotros cree que si esperamos lo suficiente alguien llegará y nos salvará, la triste realidad es que nadie puede transitar por nuestro camino por nosotros. Si somos lo suficientemente valientes para renunciar a la esperanza de que alguien va a venir a salvarnos, daremos un gran paso para asumir la responsabilidad de nuestras vidas y nuestra felicidad.

Entrar en la falta de esperanza

La mayoría de nosotros pasa muchísimo tiempo engañándose, creyendo la vieja historia de «Algún día alcanzaré mis sueños» y esperando que su vida mejore. Aunque en las épocas de gran aflicción necesitamos tener esperanzas, es importante que distingamos entre la verdadera esperanza y las ilusiones. A menudo, nos engañamos creyendo que vamos a alguna parte, cuando en realidad no estamos yendo a ninguna. La esperanza, el pensamiento positivo y las fantasías agradables pueden convertirse fácilmente en negación. Hace varios años, tuve una relación muy estresante con un novio mío. Me pasé años esperando a que mejorara. Mi esperanza me impedía asumir la responsabilidad de mis propios sentimientos y hacer frente a los problemas que tenía. En lugar de dedicar tiempo a ver cuáles eran mis opciones y a aprender las lecciones que se me estaban presentando, pasaba horas soñando despierta, con la esperanza de que un día, milagrosamente, todo se arreglara. En lugar de enfrentarme a la realidad y entrar en el dolor de reconocer que tenía otra relación fracasada, me sumergí en la negación, o si lo prefieres, ni siquiera me di cuenta de que me estaba mintiendo. Mis esperanzas pusieron una venda sobre mis ojos y tapones en mis oídos, lo cual sólo sirvió para retrasar lo inevitable. A menudo, la realidad es dolorosa. La gran paradoja e ironía de todo ello es que si estamos dispuestos a renunciar a la esperanza de que podemos cambiar, arreglar o transformar nuestras historias, si estamos dispuestos a soltar y a sentir la falta de esperanza de no saber quiénes somos, volveremos a tener esperanzas.

Con mucha frecuencia, en mi consulta de asesoramiento he descubierto que las personas prefieren aferrarse a un grano de esperanza, antes que enfrentarse a la realidad. Nuestro miedo a enfrentarnos a la pérdida o el dolor nos mantiene atados a nuestras historias y repitiendo lo mismo de siempre. Algunas personas obtienen su dosis de esperanza de los libros, las cintas y las conferencias. Aunque a veces este tipo de inspiración puede ser útil, si lo utilizamos para justificar nuestras circunstancias actuales no será más que otra página de nuestra historia. Hace muchos años trabajé con Margaret, una mujer adinerada que, a primera vista, parecía tenerlo todo. Viajaba por el mundo entero visitando balnearios y centros de retiro, y tenía los medios para permitirse el mejor asesoramiento que se puede comprar con dinero. Margaret, que se autoproclamaba adicta a la autoayuda, iba de taller en taller con la esperanza de que pasar tiempo con personas que ella consideraba importantes le proporcionaría el reconocimiento que anhelaba. Pero en su interior, llena de inseguridad, se sentía invisible y poco importante. Un incidente aparentemente insignificante como, por ejemplo, que alguien no le devolviera una llamada, hacía que se obsesionara durante días.

Margaret gastaba la mayor parte de su energía buscando algo que la hiciera sentirse cómoda.

Durante nuestra tercera sesión, noté que Margaret parecía estar debilitándose. Su cuerpo estaba perdiendo la salud, y ella parecía estar más frenética y temerosa. Le sugerí que se alejase de todos los grupos y las personas a los que había estado aferrándose con la esperanza de que algún día se sentiría cómoda. Puesto que yo sabía que Margaret sólo podría encontrar aquello que buscaba dentro de sí misma, le encomendé la tarea de que dejara su adicción a la autoayuda y dirigiera su atención hacia su interior. Pero ella no podía hacerlo. Sentía demasiado terror hacia la soledad, a no tener todas las distracciones que mantenían la promesa de una comodidad y reconocimiento futuros. Continuó con su pauta de comportamiento conocida, aferrándose a la esperanza de que algún día daría sus frutos.

Margaret leía un libro tras otro, buscando una filosofía que justificara sus actos, mientras reunía pruebas que la reafirmaban para seguir igual. Cada vez que yo le hablaba de las pautas autodestructivas que estaba exhibiendo, ella citaba alguna frase del último libro que había leído: «Debbie, acabo de leer un libro que dice que todos hacemos las cosas lo mejor que podemos. Yo también estoy haciendo las cosas lo mejor que puedo». Margaret era muy creativa para encontrar maneras de justificar su comportamiento. Una semana, llegó y me dijo que había sido maltratada verbalmente por su familia. Cuando le pregunté qué quería hacer al respecto, respondió: «Todo está perfectamente bien tal como está». Observé cómo Margaret continuaba con su dolorosa búsqueda, al tiempo que se aferraba a las afirmaciones que contenían la promesa de la esperanza. Estaba más entregada al camino de la justificación que a explorar los temas subyacentes que la atormentaban.

Pedí a Margaret que hiciera una lista de todas las expresiones y los mensajes inspiradores que usaba para evitar enfrentarse a la realidad. Ella era una persona que había leído todos los libros de autoayuda que entraban en la lista de *best sellers* y asistía a todos los seminarios que ofrecían alguna promesa de felicidad. Estas son algunas de las perlas de sabiduría que Margaret utilizaba para alimentar su esperanza: «Siempre está más oscuro antes del amanecer»; «Lo que no me mata me hace más fuerte»; «Si no hay dolor, no hay ganancia»; «Hay una razón para todo»; «Dios no me da nada a lo que no me pueda enfrentar»; «Es un proceso»; «Los milagros ocurren»; «El Universo está trabajando a través de mí»; «Déjalo y déjaselo a Dios»; «Todo es una ilusión»; «Esto también pasará»; «Siempre hay alguien que está peor que yo»; «Mantén una actitud de gratitud»; «Haz aquello que amas y el dinero llegará a continuación»; «Las cosas siempre se resuelven para mejor»; «Lo que es, es, y lo que no es, no es»; «Todas las nubes tienen un revestimiento de plata»; «La dicha está en el viaje»; «Hay oro en la oscuridad»; «El tiempo cura todas las heridas»; «Hoy es el primer día del resto de mi vida».

Toda esta sabiduría, que Margaret había pasado años de su vida reuniendo, se había convertido en una parte más de su historia, en otro intento que no funcionaba. Aunque han pasado tres años desde que trabajamos juntas, cuando me encuentro con Margaret en la ciudad todavía me da excusas poéticas del porqué las cosas no le van bien y de su estancamiento. Puesto que no está dispuesta a enfrentarse a los problemas subyacentes que hacen que siga siendo adicta a ciertas personas y organizaciones, Margaret sigue estancada en las mismas pautas repetitivas que conoce tan bien. Se ha convencido a sí misma de que así es como Dios quiere que sea su vida y de que si el Universo quisiera que ella tuviera más, de alguna manera, las puertas se abrirían mágicamente de par en par. En lugar de entrar en su interior y preguntarse «¿Hay algo en mí que está haciendo que aparezcan las mismas cosas una y otra vez?», Margaret continúa aferrándose desesperadamente a la esperanza, y deja a todos los que la rodean con la situación desesperada de su vida.

Te cuento la historia de Margaret como unas palabras de advertencia. Si has estado estancado en una mala situación, o en una relación que te quita poder, durante más de un año, no permitas que tu historia te seduzca llevándote a pensar que «todo saldrá bien». Porque, después de todo, eso no es más que otra historia.

El gran intento

Muchos de nosotros hemos caído en la trampa interminable de intentar arreglar nuestras historias. Algunos de nosotros hemos dedicado años de nuestras vidas y demasiada energía a rescribir el argumento o a cambiar los personajes de nuestros dramas personales, con la esperanza de transformar nuestras vidas y enterrar nuestras Cajas de Sombras. Pero por mucho que intentemos arreglar nuestras historias, acabamos continuamente aplastados por las limitaciones de nuestros dramas personales. Aunque realizar algunas pequeñas mejoras nos ayudará a tener un mejor aspecto y a sentirnos mejor, esos momentos de dicha son breves. A menos que tomemos la decisión consciente de salir de las limitaciones de nuestras historias, la sensación temporal de libertad que sentimos después de leer un libro inspirador o escuchar una cinta motivadora será reemplazada por la desesperanza y la desesperación. Hasta que comprendamos que la raíz de nuestro problema es la creencia errónea de que nosotros *somos* nuestras historias, incluso el mejor vendaje acabará fallando.

Hace poco, en uno de mis cursos, conocí a una mujer joven y guapa. Inmediatamente me fijé en la forma vivaz de caminar de Caroline y en su personalidad alegre. En todos los descansos, pasaba a mi lado caminando, esperaba hasta captar mi atención y entonces esbozaba una bonita e inmensa sonrisa. Al segundo día del proceso, la sonrisa de Caroline empezó a desaparecer y fue sustituida por una expresión de tristeza, miedo y desesperación. Finalmente se acercó a mí y me preguntó si tenía unos minutos. Me preguntó si yo creía que ese seminario realmente podía ayudarla y empezó a llorar mientras me contaba cuántos enfoques había probado en un esfuerzo por encontrar una paz duradera. Había intentado mantener una actitud positiva, y cuando eso había fallado, había empezado una terapia. Había asistido a demasiados seminarios de crecimiento personal, había leído cientos de libros de autoayuda y había escuchado muchísimas horas de cintas motivadoras. Ahora se sentía destrozada porque después de todos esos años intentando arreglar lo que no funcionaba en ella, todavía sentía una inmensa tristeza justo debajo de la superficie de su consciencia.

Pedí a Caroline que cerrara los ojos y me describiera el incidente más doloroso de su vida. Me contó que cuando tenía cinco años su padre había llegado a casa, se había llevado a su hermano mayor y se había marchado. Carolina no volvió a ver a ninguno de los dos en diez años. Le pregunté cómo se había enfrentado al dolor de ese trauma y me dijo que su madre le había dicho que tenía que pensar positivamente y mantener una sonrisa en el rostro. Cuando llegó a la edad de quince años, Caroline sentía tanto dolor que empezó a explorar todos los enfoques (desde el ejercicio físico hasta las prácticas espirituales) que podían ofrecerle algún alivio. Seguía buscando un arreglo rápido, alguna motivación o inspiración a la que pudiera aferrarse durante un día o una semana. Pero el alivio nunca duraba lo suficiente; tarde o temprano volvía a caer en la desesperanza de su historia. Le sugerí suavemente a Caroline que utilizara el fin de semana para llorar la pérdida de su hermano y su padre. Ella me miró sin comprender: «¿Quiere decir, que *entre* en el dolor?», preguntó.

Esa noche conduje mi coche hasta mi casa pensando en todos los años que pasamos intentando cambiar nuestras historias, intentando fingir que nuestros traumas o humillaciones nunca tuvieron lugar y tratando de ocultar el dolor de nuestro pasado. Reflexioné sobre la enorme cantidad de energía que gasta cada uno de nosotros intentando cambiar su forma de sentir, su forma de pensar y su forma de comportarse, todo ello con la esperanza de que un día, si nos esforzamos lo suficiente, nuestras vidas se transformarán y finalmente seremos felices.

Cada vez que conduzco un seminario, tengo el privilegio de sentarme delante de un grupo formado por algunas de las personas más extraordinarias que hay en el planeta. Algunas de ellas son personas que han trabajado duro en sus vidas. Algunas han estudiado con los más grandes maestros espirituales de nuestra época; otras han trabajado con terapeutas y otros maestros sabios para sanar sus pasados y hacer una aportación al mundo. Sin embargo, aún así, se han quedado con la sensación de que deben saber algo más, obtener más sabiduría para estar completas. Sus vidas están impulsadas por una lucha interna que las mantiene buscando continuamente una vida mejor, fundamentalmente con más sentido. Durante años me he preguntado por qué, al parecer, ninguno de nosotros parece encontrar lo que está buscando. ¿Por qué, con todos esos conocimientos, con toda esa sabiduría, todavía estamos buscando algo más? ¿Por qué ocurren cosas malas a las personas buenas? ¿Por qué es la dicha continua tan inalcanzable? ¿Por qué parece como si nuestros sueños estuvieran siempre un paso por delante de nosotros? Algunos de nosotros incluso nos hemos endeudado buscando respuestas a por qué nuestras vidas son como son.

En uno de mis cursos hicimos una lista de todos los métodos, técnicas y enfoques que habíamos utilizado para intentar repararnos y reparar nuestras historias. La lista era interminable. Habíamos visitado acupunturistas, habíamos hecho regresiones a vidas anteriores, y la mayoría de nosotros había tenido su cuota de terapeutas. Habíamos trabajado con nuestra ira, con nuestro niño interior y con nuestro crítico interior, y cuando eso había fallado habíamos probado la danza extática. Habíamos probado a visualizar, afirmar, cantar y meditar para salir de nuestro dolor. Habíamos buscado el consejo de nutricionistas, entrenadores, asesores de vida, profesores de yoga y gurús, y cuando eso no había funcionado, habíamos buscado a nuestros médicos para que nos recetaran Prozac. Habíamos limpiado nuestros chakras, inhalado aceites esenciales y encendido velas aromáticas para serenar nuestras mentes. Algunos de nosotros nos habíamos empapado en baños energéticamente equilibrados mientras escuchábamos música armónicamente calmante. Habíamos quemado un incienso especialmente importado de la India, habíamos puesto imanes debajo de nuestras almohadas, llevado amuletos alrededor de nuestros cuellos y anillos para el estado de ánimo en nuestros dedos. Habíamos elegido cartas de ángeles y nos habían leído el tarot. Habíamos probado el voluntariado, haciendo un servicio para ayudar a la gente que parecía estar peor que nosotros. Algunos habían probado a tener un marido rico o una esposa joven y guapa.

Nuestra lista continuaba y continuaba, y aunque nos reímos muchísimo con ello, la mayoría de nosotros nos quedamos con la presencia y el dolor de una historia que no podía ser reparada. Y la pregunta que surgió fue muy simple: ¿hay alguna esperanza?

Ir más allá de lo conocido

Un profundo anhelo nos impulsa a reparar nuestras historias. Anhelamos regresar a nuestro estado natural de totalidad, al lugar en el que sabemos que somos la inmensidad del Universo y no la pequeñez de nuestros dramas personales. En nuestro esfuerzo por encontrar la utopía, la tierra de la paz y la realización, formamos relaciones, construimos negocios y asistimos a retiros. Pasamos cientos de horas leyendo, estudiando y acumulando conocimientos que esperamos que nos devuelvan a nuestro estado de gracia natural. Pero, incluso cuando nuestros conocimientos nos fallan, continuamos con nuestra búsqueda. En lo más profundo de nuestro ser sabemos que un regreso a la totalidad es posible. Después de todo, si realmente creyéramos que es algo inalcanzable, no pasaríamos tanto tiempo en nuestras vidas persiguiéndolo; en lugar de eso, nos conformaríamos con el drama repetitivo que todos conocemos tan bien. Pero la mayoría de nosotros no se conforma. Ese profundo anhelo nos impulsa a encontrar el camino a casa. Nos impulsa a buscar hasta que despertamos a la inmensidad de nuestro Yo eterno, el Yo que está más allá de nuestra historia.

Cuando estamos preparados para seguir estando conscientes dentro de nuestras historias, debemos enfrentarnos a nuestra verdad más profunda: *Nuestras mentes no pueden llevarnos adonde nuestros corazones desean ir.* Nuestras mentes nos impulsan a hallar respuestas, pero las respuestas que hallamos suelen ser lo que nos impide encontrar nuestra verdad más profunda. Por ejemplo, nuestra sociedad sabe más sobre alimentación y salud de lo que ha sabido nunca y, sin embargo, nuestra población continúa padeciendo problemas de salud y de sobrepeso. Saber qué comer y saber cuánto ejercicio debemos hacer *no nos proporcionará* la motivación para comer bien y hacer ejercicio. No obstante, si nos ponemos en contacto con el carácter sagrado y la totalidad de nuestro ser interior y sentimos lo que uno siente al ser sano y fuerte, entonces desearemos alimentarnos y cuidar de nosotros mismos naturalmente, de la mejor manera posible. Mi amigo Patrick dice: «Conocer el camino no significa tomar el camino». Conocer es el premio de consolación. El conocer vive en nuestras mentes; el ser vive en nuestros corazones. Para ser el «tú» que deseas ser, debes renunciar al «tú» que conoces. De hecho, debes renunciar a todo lo que conoces. Yo me asombro constantemente ante todos los hombres y mujeres que asisten a mis seminarios que pueden recitar, literalmente, los textos de algunos de los más grandes libros espirituales de nuestros tiempos. Y sin embargo, son agudamente conscientes de que, incluso con todos esos conocimientos, con toda esa sabiduría, todavía hay algo que les falta.

El miedo a soltar

Aferrarnos a lo conocido es el mayor motivo por el que nos mantenemos estancados en nuestras historias. Como humanos, deseamos desesperadamente saber quiénes somos. Pero pensar que sabemos quiénes somos y de qué estamos hechos es en realidad lo que nos mantiene encerrados dentro de nuestras historias. Nuestros pensamientos son limitados; viven dentro de la identidad que creemos ser. Cada uno de nosotros tiene un ego que desea desesperadamente saber. El ego no quiere saber sólo por saber; quiere saber para sentirse superior a la otra persona. Este es el camino de todos los seres humanos. No es malo; no está mal; simplemente es así. No gastes tu tiempo intentando deshacerte de tu ego; no puedes hacerlo, de la misma manera que no puedes deshacerte de tu historia. Esos son aspectos esenciales de tu receta Divina, la cual exploraremos más adelante. Pero por ahora debes reconocer quién está dirigiendo el espectáculo y cuáles son los motivos que están en funcionamiento en todo momento en tu vida.

Nuestra necesidad de saber, nuestra necesidad de controlar, nuestra necesidad de tener razón y nuestra necesidad de ser *alguien* es lo que nos mantiene atrapados dentro de nuestras historias. Se trata de una respuesta natural al intento de reparar algo que no funciona, y si no podemos repararlo, nuestro siguiente impulso es librarnos de ello. Pero hagamos lo que hagamos, no podemos reparar nuestras historias, ni tampoco deshacernos de ellas. Si consiguiéramos deshacernos de nuestras historias, jamás averiguaríamos quiénes somos en el nivel más profundo. Si ganamos en el juego de reparar nuestras historias, perdemos en el juego más importante de conocernos a nosotros mismos, porque podríamos elegir quedarnos en nuestras historias, convenciéndonos de que en realidad no se trata de nuestra historia, sino que ésta es quienes somos. Si hacemos esto, nos perderemos la oportunidad de aportar nuestra pieza única al gran puzle de la vida. Es como ganar una pelea, pero perder la guerra. Lo que creemos que recibiremos al reparar nuestras historias palidece en comparación con lo que ganaremos cuando salgamos de ellas y entremos en la plenitud de lo que realmente somos.

Muchos de nosotros tememos soltar nuestras historias, incluso cuando ya no nos sirven, porque tenemos miedo de que sin ellas ya no nos conoceremos a nosotros mismos. «¿Quién sería yo sin mi historia?», preguntamos. «Tengo miedo de no conocerme». Y yo digo: «¡Qué bien que no te conozcas!» Es tan emocionante no conocerte. El Yo que conoces es una parte limitada, un punto diminuto, de quien realmente eres. Es como un único cristal en un enorme caleidoscopio lleno de miles de colores. Te has centrado en considerarte como un cristal de vidrio rojo, cuando en realidad eres mil colores alegres, todos entremezclados y bailando juntos para crear imágenes mágicas. Cada vez que haces girar el caleidoscopio de una manera distinta, se abre todo un mundo nuevo para ti. Al cambiar tu enfoque, súbitamente puedes ver cosas que no habías visto nunca. La perspectiva que tienes sobre ti no es más que una visión limitada de tu verdadera naturaleza.

Pasos de acción sanadores

1. Crea un ambiente libre de distracciones. Saca tu diario y escribe libremente tus respuestas a las siguientes preguntas:
   ¿Quién sería yo sin mi historia?
   ¿Qué temo perder si renuncio a mi historia?

2. Haz una lista de todas las cosas que has hecho en un intento de reparar tu historia o deshacerte de ella.

3. Haz una lista de todas las formas en que aparece la resistencia en tu vida. ¿Qué comportamientos, emociones y creencias tienes que te impiden aceptar las cosas como son?

4. Haz una lista de todas las maneras en que utilizas la esperanza para evitar enfrentarte a la realidad. Si no hubiera ninguna esperanza de que ocurriera un milagro, ¿qué cambios harías en tu vida hoy?

Pensamiento

«No me pasará nada
si suelto mi historia.»

5

Reclama tu poder

Si yo pudiera influir solamente en un problema humano, lo que haría sería aliviar a todos del insoportable sufrimiento de ser víctimas. El problema de este deseo es, por supuesto, que yo no tengo el poder de aliviar nada en nadie, ni siquiera el hecho de ser una víctima. Únicamente tú puedes ayudarte. Todas las personas que he conocido en mi vida tienen alguna historia en la que han sido victimizadas. La mayoría de nosotros culpa de sus deficiencias a sus padres, mientras que otros culpan a sus profesores, a sus ex maridos o ex esposas, a sus agresores, a sus líderes religiosos, a sus amigos o a sus abuelos. Muchos de nosotros sentimos que hemos sido maltratados en nuestros trabajos, que nuestras familias se han aprovechado de nosotros, que hemos sido abandonados por Dios o que hemos sido víctimas de la vida en general.

La historia de la victimización nos dice que, en algún momento a lo largo del camino, nos han hecho daño y que los crímenes cometidos contra nosotros son la causa de nuestro dolor. Esa es una historia que, si nos la creemos, nos limitará y nos quitará nuestro poder personal. La mayoría de nosotros ha reunido pruebas contundentes que confirman la percepción de que somos víctimas de la vida. Y esa es, ciertamente, una manera de ver la vida. Si vemos nuestras vidas desde la perspectiva de que no somos los co-creadores de nuestras realidades, entonces *sí* nos han hecho daño. Pero si cambiamos nuestro punto de vista encontramos una realidad más grande, más poderosa, que nos dice que *nosotros* somos los co-creadores de nuestra propia experiencia. Al ver nuestras vidas desde esta nueva perspectiva, podemos aceptar que todo lo que nos ha ocurrido era exactamente lo que necesitábamos vivir para poder florecer en todo nuestro potencial y avanzar en nuestras vidas.

La consciencia de víctima es aterradora, porque cuando estamos en ella no siempre sabemos dónde estamos. La consciencia de víctima es una parte tan integral de nuestras historias que ni siquiera podemos ver cuán profundamente afecta a nuestras vidas. Incluso si no nos sentimos víctimas del mundo exterior, muchos de nosotros nos convertimos en víctimas de nuestro propio maltrato de nosotros mismos. En lugar de proyectar la culpa en otras personas, le damos la vuelta y la proyectamos en nosotros. Algunos pensamos que somos mejores personas si nos machacamos en lugar de depositar la culpa en la gente de nuestro entorno. Si preferimos culparnos a nosotros mismos, es probable que tengamos sentimientos de severidad sobre aquellos que prefieren culpar a los demás. Pero, de cualquier modo, nosotros somos las víctimas: o somos las víctimas de otra persona, o somos las víctimas de nosotros mismos. De cualquier manera, nos quedamos sin poder, y cuando nos sentimos así somos impulsados más profundamente al interior de nuestras historias. ¡Vaya alternativa! O bien alguien nos está machacando, o somos nosotros los que nos machacamos a nosotros mismos. De cualquiera de las dos maneras nos sentimos heridos. De cualquiera de las dos maneras, salimos perdiendo.

El precio de culpar

Mientras obtengamos algo de nuestras historias, nunca podremos salir de ellas. Sin darnos cuenta, la mayoría de nosotros obtiene grandes recompensas al hacer que los otros estén equivocados. Señalar a alguien y asignarle la culpa nos proporciona una satisfacción interior. Muchos de nosotros se irán a la tumba culpando a los demás por las circunstancias de sus vidas. Somos capaces de hacer cualquier cosa para evitar asumir la responsabilidad de nuestro papel en nuestros dramas. Pero culpar a los demás y aferrarnos al dolor de nuestro pasado significa entregarnos a una vida de limitación e infelicidad. Y mientras continuemos culpando a los demás por nuestras circunstancias no tendremos ninguna libertad, porque nuestro resentimiento nos mantiene atados a esas mismas personas –y a las mismas circunstancias– que no nos gustan. Mientras llevemos en nuestros corazones la semilla del resentimiento tendremos que crear algún tipo de sufrimiento, de drama o de descontento en nuestras vidas para poder mantener viva la culpa. La mayoría de nosotros tenemos un gran empeño interior en decir: «Mira lo que me hiciste». No importa cuánto nos esforcemos en el mundo exterior para hacer que nuestras vidas sean estupendas, este empeño interior a hacer que los demás tengan la culpa acabará imponiéndose. Impulsará nuestro comportamiento y atraerá hacia nosotros experiencias que nos demostrarán que tenemos razón: que nos han hecho daño y que, de alguna manera, eso ha afectado a nuestra capacidad de manifestar los resultados que deseamos. Mientras estemos empeñados en ser las víctimas de alguna otra persona, tendremos que encontrar la manera de sabotearnos a nosotros mismos para poder justificar nuestro resentimiento.

La única manera de salir de esta trampa es asumiendo la responsabilidad. En el nivel más profundo, muchos de nosotros evitamos asumir la responsabilidad total y completa de los acontecimientos de nuestras vidas. Hacemos esto porque, a menudo, al asumir la responsabilidad sentimos como si estuviéramos dejando libre a alguien que nos ha hecho daño. Pero, en realidad, asumir la responsabilidad es la única manera en que podemos liberarnos a nosotros mismos. Si una persona nos victimiza y acabamos convirtiéndonos en el ser humano más maravilloso que ha existido jamás, naturalmente dejaremos de culpar a esa persona y ya no necesitaremos ni desearemos restregarle el crimen en su cara. De hecho, veremos que las habilidades que hemos desarrollado y el dolor que hemos soportado han sido una parte necesaria de nuestro proceso.

Conocí a Jerri, una mujer atractiva de cincuenta y pocos años, en casa de una amiga. Mientras hablábamos, me enteré de que Jerri es una consultora financiera de mucho éxito. Cuando le pregunté qué persona o qué acontecimiento había contribuido más a su éxito, ella me miró directamente a los ojos y me dijo: «Mi madre alcohólica». Intrigada por su respuesta, la interrogué aún más. «¿Qué te enseñó tu madre alcohólica sobre la administración de las finanzas?», le pregunté. Jerri me dijo que después de que su padre abandonara a la familia cuando ella era una adolescente, su madre se había vuelto muy irresponsable con el dinero, gastando con frecuencia todos los ingresos mensuales familiares en unas pocas noches locas en la ciudad. Para asegurarse de que ella y sus dos hermanos pequeños tuvieran material escolar, ropa que vestir y alimentos para comer, Jerri interceptaba los cheques bimensuales por minusvalía que recibía su madre y utilizaba el dinero para comprar lo que la familia necesitaba. «Me da la impresión de que has tenido una gran habilidad para la planificación económica durante toda tu vida», le dije a Jerri. «Para nada», replicó. «Cuando era más joven, lo único que quería era encontrar a un hombre que me mantuviera para poder quedarme en casa y criar una familia. No quería tener nada que ver con la administración de nuestra economía. Pero luego, cuando mi marido y yo nos divorciamos, me vi obligada a ganarme la vida. Al enfrentarme al desafío de iniciar una carrera nueva tan tarde en mi vida, me fijé en qué habilidades tenía que pudieran ser valiosas para otras personas. Fue entonces cuando me di cuenta de que tenía facilidad para administrar el dinero y que eso se debía a mi niñez económicamente inestable, cuando había tenido que adquirir esas habilidades. Así que decidí volver a estudiar y sacarme mi título de contable y, súbitamente, me di cuenta de que en realidad mi madre me había enseñado mucho. Algo cambió en mi interior cuando lo entendí. Fui capaz de soltar la rabia que había sentido hacia ella y dejé de culparla por haber sido económicamente irresponsable.

«Cuando finalmente dejé de culpar a mi madre, pude ver muy claramente la dirección que se suponía que mi vida debía tomar. A partir de ese momento, me quedó claro que ya no necesitaba sufrir por mis finanzas y que podía aportar mis dones a otros mientras recogía los beneficios de mi éxito».

Perdona a tus padres

Asumir la responsabilidad es un proceso que a menudo llega en capas. He conocido personas que, incluso después de doce años de terapia y de numerosos seminarios de transformación, se dieron cuenta de que seguían culpando a sus padres de su suerte en la vida. Puesto que no querían sentir que habían desperdiciado todo ese tiempo y dinero, adoptaron un enfoque espiritual que les decía que debían asumir la responsabilidad de su realidad. En lugar de explorar el resentimiento profundamente arraigado que sentían hacia sus padres, intentaron mejorar sus historias diciendo cosas como: «Mis padres hicieron lo mejor que pudieron con lo que sabían. Ellos tenían su propia carga pesada. No es justo culparlos». Aunque estas afirmaciones pueden ser ciertas, es importante que las personas en esta situación realmente se tomen su tiempo para sanar los problemas del pasado encontrando lo positivo en esos acontecimientos y no limitándose a crear nuevas historias sobre ellas mismas. Asumir la responsabilidad en el mundo espiritual se ha convertido en una nueva forma de maltrato hacia uno mismo; hace que sigamos estando encerrados en la victimización de nuestras historias. Es otra cosa que usamos para machacarnos, para hacernos daño y quitarnos poder. Esta es simplemente otra forma de victimización, aunque más sutil. Convierte la furia que sentíamos hacia el exterior en rabia hacia el interior.

Asumir la verdadera responsabilidad es un proceso, y es la única manera de salir de la historia de la víctima. Significa reconocer que somos co-creadores de los dramas que hemos vivido. Asumir la responsabilidad exige que extraigamos la sabiduría de nuestras experiencias de vida y que encontremos los regalos que tienen para nosotros, como hizo Jerri. Significa aprender las lecciones, a veces dolorosas, que cada experiencia nos puede enseñar. La responsabilidad es nuestro destino último, pero si estamos albergando resentimientos profundos hacia otras personas, debemos buscarlos y enfrentarnos a ellos. De lo contrario, continuarán envenenando nuestras psiques, saboteando nuestra autoestima y quitando vida a nuestros sueños.

Hay muchas capas de sanación cuando se trata de nuestros padres. Podemos sentirnos libres en un momento dado, y luego ocurre algo y descubrimos otro nivel de dolor. Pero si no estamos floreciendo en nuestras vidas, eso quiere decir que todavía estamos cargando con un poco de «Mira lo que me hiciste» respecto a nuestros padres. El resentimiento es muy profundo. Podemos tardar toda una vida en quitar todas las capas. Pero si no reconocemos que lo tenemos, jamás progresaremos como quisiéramos. Si estamos continuamente bloqueados o estancados y no encontramos satisfacción en nuestras vidas, eso quiere decir que todavía tenemos resentimiento. Podríamos considerar que en realidad estamos negándonos la grandeza para poder justificar nuestra culpa. Cuando hemos perdonado completamente a nuestros padres por sus defectos y sus fallos, el mejor regalo que podemos hacerles es tener unas vidas extraordinarias, brillar lo máximo posible. Pero si todavía tenemos algo de resentimiento hacia nuestros padres o cuidadores, inconscientemente les culparemos de nuestra infelicidad.

Desde que era una niña, Lori siempre había soñado con ser una actriz. Sus profesores reconocían su don para expresarse y para la actuación, y la animaban a seguir una carrera sobre el escenario. Sin embargo, la madre de Lori no la apoyaba tanto. Su madre, puesto que era una mujer orgullosa y respetable, quería que ella fuese a la universidad y encontrase una carrera respetable y decente, como lo habían hecho sus hermanos mayores. Después de pensarlo un poco, Lori decidió ignorar lo que ella consideraba que eran unas opiniones rígidas de su madre, y no ir a la universidad. Pero siempre sintió un profundo resentimiento hacia ella por no haberla animado a seguir su pasión.

Un año más tarde, cuando Lori tenía diecinueve años, se quedó embarazada estando soltera. Era el año 1965 y Lori vivía en una ciudad conservadora del Medio Oeste, de modo que pensó que lo mejor que podía hacer era casarse. Debido a su educación conservadora, para ella era importante sentir que era una mujer decente que iba a tener un bebé, en lugar de sentir la vergüenza de ser una madre soltera que criaba a su hijo sola. De modo que Lori decidió casarse con una persona a la que no amaba, sabiendo que muy probablemente acabaría criando a su hijo sola. Resultó que tenía razón. Sólo unos meses después del nacimiento de Joshua, su marido se fue de casa. Luego, cuando Joshua tenía seis meses, la madre de Lori le envió un recorte del periódico en el que se anunciaba que había un *casting* abierto para una obra de teatro nueva que llegaría a la ciudad. Para la obra necesitaban a una primera actriz de veintitantos años, y la madre de Lori le sugirió que hiciera la prueba para el papel. Lori se quedó sorprendida por el repentino apoyo de su madre a su carrera de actriz, y empezó a sentir resentimiento por todas las ocasiones en que la había desanimado de perseguir su sueño y la había criticado por su deseo de actuar. «¡Que te jodan!», gritó Lori mientras rompía el recorte del periódico. En ese momento, Lori le echó la culpa a su madre, decidió no volver a actuar y selló su destino.

Culpar y sentir resentimiento son emociones tóxicas que nos mantienen estancados dentro de la pequeñez de nuestras historias.

Entretejida en nuestros dramas personales, hay una conversación subyacente que podría sonar así: «Mira lo que me hiciste. Arruinaste mi vida. No valgo para nada, igual que tú», o «Nunca voy a hacer nada en la vida, tal como tú me dijiste». Hacemos a otras personas responsables de nuestras deficiencias y luego queremos demostrar que nos han tratado mal y que nos han hecho daño. Nuestra historia de «pobre de mí» se convierte en nuestra prueba, la cual demuestra que nos han tratado mal, nos han ignorado o nos han maltratado. Y cada vez que no conseguimos hacer las cosas bien, tenemos la coartada perfecta. Llegas a decir: «Si no hubiera tenido ese padre iracundo, esa novia tan mala o esa madre alcohólica, o si no hubiese sido violada, si no hubieran abusado sexualmente de mí, si no me hubieran pegado, ignorado, abandonado, insultado, ¡yo no sería así!». Entonces utilizamos cada fracaso, cada decepción, cada relación rota o cada negocio echado a perder para respaldar nuestro convencimiento de que hemos sido victimizados. Saboteamos continuamente nuestros esfuerzos en tener éxito y ser felices para poder aferrarnos a nuestro resentimiento y mantener nuestras historias intactas. Nuestros continuos fracasos o nuestra infelicidad son la prueba de que tenemos razón y de que aquellas personas a las que culpamos están equivocadas.

Es importante que empecemos a identificar a las personas a las que culpamos de no estar viviendo la vida de nuestros sueños. Quizás sea nuestra madre, nuestro padre, nuestro padrastro, las monjas y los curas que nos educaron, nuestro rabino, nuestro gurú, nuestro médico o la maestra de preescolar que no nos prestaba atención. Quizás sean los matones que se burlaban de nosotros o los niños de nuestra clase que nos dejaban fuera. Las personas a las que culpamos nos proporcionan la excusa perfecta para nuestro autosabotaje. Inconscientemente, las estamos culpando de que no seamos lo exitosos o lo felices que podríamos ser. Decimos, de una forma verbal o no verbal: «Mira, realmente soy un fracaso. Realmente me hiciste daño».

Recientemente, en un seminario, conocí a Sunny, una aspirante a escritora. Mientras hablábamos, ella me dijo que desde que nació había sentido que nada de lo que hacía era suficientemente bueno para su padre. Ese era el tema de su historia. Sunny, la tercera de tres hermanas, se crió en una ciudad rural ganadera y su padre le enseñó a trabajar en la granja cuidando del ganado. Sunny era una niña sensible que era cariñosa y atenta de una forma natural, pero no tenía el ánimo ni la habilidad para la ganadería. Ella me contó que solía escapar de la granja con lágrimas en los ojos después de que le hubieran pedido que introdujera una pastilla en la garganta de una vaca o que cortara los cuernos a un ternero bebé. Siempre se quedaba con la sensación de no valer nada para su padre. No era el niño que ella sentía que su padre quería que fuera.

Pronto me enteré de que, durante años, Sunny había anhelado escribir un libro sobre las lecciones que las mujeres se enseñan unas a otras. Cuando le pregunté qué le impedía iniciar el proyecto, me dijo: «Siento, en lo más profundo, que mi libro sería un *best-seller* nacional, y que cuando mi padre me vea en los programas de televisión y abra el periódico y encuentre mi nombre impreso, irá a la iglesia el domingo por la mañana y dirá a la gente: "Mirad lo que ha hecho mi niña". Jamás querría tener tanto éxito como para que él pueda adjudicarse una parte como cosa suya». Sunny ha desperdiciado años de su vida, impidiéndose realizar lo que su corazón desea, sólo para poder privar a su padre del placer de presumir de ella.

Hacia el final del fin de semana, Sunny ya se había dado cuenta de cuánto poder había entregado a su padre. Además, pudo ver que, de no haber sido por la desaprobación de su progenitor, ella jamás habría sentido el deseo de escribir. Estoy segura de que el día en que Sunny realice su sueño de ser una escritora, dará gracias a Dios por haber tenido un padre con el que no podía contar emocionalmente, porque esa falta de intimidad con él fue lo que proporcionó a Sunny su sueño. Dará gracias a Dios por cada cosa que le ha ocurrido, incluido el hecho de que él, con todos sus defectos, fuera su padre.

Sunny tiene una opción: puede elegir seguir sintiendo ese rencor durante el resto de su vida, privando así a su padre del derecho a sentirse orgulloso de ella. Pero si lo priva de su éxito, también se priva a sí misma de él. E impide que el mundo escuche lo que ella tiene que decir.

La mayoría de nosotros hemos estado llevando encima los mismos rencores durante toda nuestra vida. Si queremos, podemos llevarlos encima hasta que tengamos ochenta y dos años. Quizás nos sintamos bien culpando a nuestras madres o a nuestros padres, a nuestras hermanas o a nuestros hermanos. Señalar a otras personas a veces hace que nos sintamos bien. Es una manera de quitarnos la presión. Uno se siente mejor pensando «Tú me hiciste eso», que pensando «Yo me lo hice». Pero las preguntas que debemos hacernos ahora son: ¿cuántos años he estado echando la culpa a mi madre o a mi padre? ¿Cuántas veces he repetido los mismos comportamientos enfermizos en un intento de hacerles pagar? ¿Cuántos años más quiero continuar haciendo esto? ¿Qué he sacrificado al aferrarme a mis rencores?

Si no estamos creando todo lo que deseamos en nuestras vidas, probablemente sentimos resentimiento hacia alguien o algo. Si no estamos realizando todos nuestros deseos, estamos saboteándonos en algún ámbito. Seguimos estando más comprometidos con *no tenerlo todo* que con ser felices. Si empezamos a realizar todos los deseos que tenemos, no habrá a quién culpar, y sin esa atadura a nuestro pasado seremos libres para vivir la vida de nuestros sueños. Cuando hayamos soltado nuestro derecho a ser una víctima, comprenderemos que tuvimos unos padres perfectos que nos enseñaron las lecciones perfectas. Ya no sentiremos resentimiento hacia ellos, por mucho que nos hayan orientado mal o nos hayan tratado mal. Liberados de la pequeñez que ser una víctima nos garantiza, nos sentiremos orgullosos de todo nuestro poder y toda nuestra gloria, y estaremos agradecidos por todos los incidentes, tanto los oscuros como los luminosos.

¿Cuál es tu excusa?

Siempre que echamos la culpa a otras personas, estamos usándolas como nuestra excusa para no vivir nuestra vida con plenitud. Como seres humanos, somos expertos inventando excusas para justificar la situación de nuestras vidas. Como un leopardo que se mezcla con la selva que lo rodea, nuestras excusas se camuflan como verdades. Se ocultan y nos susurran bajito a nuestros oídos cada vez que intentamos ir más allá de las fronteras de nuestra historia. La parte que da más miedo es que la mayoría de nosotros consideramos que nuestras justificaciones son verdades, en lugar de ser excusas. Para que podamos liberarnos de nuestras historias, debemos estar dispuestos a sacar a la luz las excusas que utilizamos para mantener nuestras historias. Con una mirada de discernimiento, debemos examinar nuestros dramas diarios, repasar nuestra lista de motivos y coartadas, y preguntarnos: «¿Es esta la verdad, o es sólo una excusa?».

Para iniciar el proceso transformador de desmantelar nuestra realidad actual, debemos sacar a la luz las excusas que usamos para no progresar y para impedirnos manifestar todo lo que deseamos en la vida. Nuestras excusas actúan como contenedores invisibles que nos rodean y establecen las fronteras de adónde podemos ir y qué podemos conseguir. Nuestras excusas justifican el estado de nuestras vidas mientras nos hacen creer que somos incapaces de alcanzar lo inalcanzable. Imagina que estás rodeado por un recipiente transparente de cristal. Cada vez que deseamos ir más allá de esa frontera invisible, chocamos contra el cristal y volvemos a deslizarnos hasta el lugar inicial. Esto es lo que ocurre cuando nos creemos nuestras excusas. Sin saberlo, continuamos regresando al punto de partida, porque nuestros límites ya están establecidos. Han sido programados en lo más profundo de nuestras mentes y, como cualquier sistema que funciona bien, se limitan a seguir instrucciones. Las excusas nos mantienen estancados en nuestras realidades actuales y perpetúan el continuo ciclo de descontento.

Nuestras excusas pueden tomar muchas formas: «Eso no me va a ocurrir nunca». «No puedo tenerlo todo». «No tengo la valía suficiente, la edad suficiente o la inteligencia suficiente». ¿O qué te parece «Soy demasiado mayor, demasiado estúpida, demasiado gorda, estoy demasiado cansada, demasiado (*llenar este espacio*)»? ¿Te suena familiar «Estoy bloqueado, estoy estancado, estoy confundido, no puedo evitarlo» o «No lo sé»? ¿Y qué tal «Soy demasiado perezoso, no tengo la energía suficiente, dejo todo para último momento» o «Ocurrirá cuando Dios quiera, no cuando yo lo quiera»? Quizás tu excusa sea «Necesito más estudios, más información o más ayuda». ¿Te suena familiar «No estoy preparado, lo haré mañana, jamás estaré preparado»? ¿Y qué tal «Si hubiera tenido una infancia distinta, si al menos tuviera un modelo a seguir», o «Es culpa de él, es culpa de ella, si él cambiara, si ella cambiara»; «No tengo lo necesario; definitivamente, otra persona lo haría mejor»? ¿Te resulta familiar la sensación de impotencia? ¿Y qué tal «Necesito ayuda», «Si digo lo que pienso, caeré mal a la gente» o «Si realizo mi potencial, estaré solo»; y «¿Acaso no he hecho ya lo suficiente?» ¿Cómo te suenan estas excusas?

Nuestros dramas personales –nuestro dolor, nuestras quejas y nuestro descontento– suelen convertirse en nuestra excusa para no manifestar nuestro Yo más magnífico. Nuestros dramas ocupan tanto espacio en nuestras vidas que la mayoría de nosotros no se conocería sin ellos. Para desprendernos de nuestros dramas e ir más allá de nuestras perspectivas limitadas, debemos ver qué obtenemos nosotros al aferrarnos a ellas.

Un proceso rápido que puedes usar para ver si estás creando una excusa es hacerte las siguientes preguntas:

1. ¿Esta es la verdad, o es una excusa que ya he oído antes?
2. ¿(*Nombra a una persona que admiras o respetas*) vería esto como la verdad o como una excusa?
3. ¿Soy responsable de esta elección, o estoy haciendo responsables a otras personas, o a Dios, o a la vida?

Hacerte esta serie de preguntas debería ayudarte a determinar si estás justificando el estado de tu vida creando excusas. Voy a darte un ejemplo. Una de mis excusas favoritas solía ser que estaba demasiado ocupada para divertirme y para tomarme un tiempo de descanso. Me oía constantemente quejarme mientras contaba mi dramática historia sobre cuánto trabajo tenía que hacer. Entonces, un día, mi amiga Danielle me acorraló y me preguntó: «Debbie, ¿quién se encarga de hacer tu programación?». Aunque sabía que yo era quien la hacía, tenía miles de excusas para mantenerme ocupada: «Es culpa de mi editor. Es culpa de mi hermana. Es culpa de mi publicista. Es culpa de mi personal. Ellos me necesitan». Todas esas excusas me dejaban con una sensación de impotencia y sintiéndome como una inmensa víctima. Sin cuestionarlas, aceptaba esas excusas como la verdad. Entonces me detuve y me pregunté: «¿Es esta la verdad, o es una excusa que ya he oído antes?». Mi respuesta fue claramente: «Ya he oído esto en demasiadas ocasiones». Entonces pensé en mi amiga Cheryl y me pregunté: «¿Ella vería esto como la verdad o como una excusa?». Inmediatamente supe que Cheryl me apoyaría al ver que nadie en el mundo podía hacer que mi bienestar fuera una prioridad, excepto yo, y que estaba usando a otras personas como excusa para no asumir la responsabilidad por el uso de mi tiempo. A continuación me pregunté: «¿Estoy haciendo responsable de mis circunstancias a otras personas, o a Dios o a la vida?». ¿Que cuál fue mi respuesta? «Sin ninguna duda». Fue entonces cuando me di cuenta de que todos mis motivos eran sólo algún tipo de excusa que hacía que me sintiera como una víctima impotente de mi propia vida. Me di cuenta de que si quería divertirme más y tener más tiempo de ocio en mi vida, lo único que tenía que hacer era dejar de crear excusas y asumir la responsabilidad de mis decisiones. Y eso hice.

Recientemente, mientras estaba dando una charla sobre las excusas para los participantes en uno de mis programas de asesoramiento, tuve otra oportunidad de examinar dónde podía estar usando excusas en mi vida. Estaba segura de que había derribado todo lo que me impedía avanzar y hacía que siguiera repitiendo las pautas conocidas, pero de todos modos, lo examiné. Entonces, cuando llevaba una semana indagando, sentí que estaba empezando a tener un resfriado. Los síntomas de mis resfriados siempre parecían ser los mismos: picor en la garganta y el cuerpo cansado. Conocía demasiado bien todas esas sensaciones. Me parecía que siempre estaba cogiendo algún tipo de resfriado que me impedía seguir en marcha y me obligaba a quedarme en cama unos días. En algunas ocasiones intentaba impedir que avanzara llenando mi cuerpo con todos los suplementos vitamínicos conocidos, y en otras ocasiones simplemente me rendía a él y me permitía estar enferma y quedarme en casa. Esa semana en concreto fue excepcionalmente ajetreada y yo sentí que no podía permitirme enfermar. En medio de mi régimen habitual de tomar vitamina C y astrágalo, me di cuenta de algo que me sobresaltó: coger un resfriado era mi excusa. Me quedé alucinada. Súbitamente, se me encendió una luz y pude ver claramente que cada vez que necesitaba descansar –cada vez que tenía demasiadas cosas que hacer o demasiados compromisos que atender– me resfriaba. Esta era mi excusa, mi motivo, mi coartada, la manera en que hacía saber a todo el mundo que estaba fuera de circulación y que ya no podía más. Pero, sobre todo, tener un resfriado me servía como un gran cartel que decía: «No esperen nada más de mí». Al recordar mi niñez, pude ver que había una pauta para enfermar, y que así era como obtenía más atención de mis padres.

Esa noche me fui a la cama asombrada ante lo que había descubierto, pero sintiendo, de todos modos, que estaba empezando a enfermar. Mientras estaba acostada en la cama, hice una lista de todas las cosas que podía hacer para cuidar de mí en lugar de enfermarme. Cerrando los ojos y dedicando unos minutos a entrar en mi interior, pude tener acceso fácilmente a las respuestas: lo que debía hacer era asegurarme de que tenía mucho tiempo para mí cada fin de semana. Mi sabiduría interior me dijo muy específicamente que necesitaba programar al menos una hora cada día para no hacer nada, excepto rezar y meditar. Además, necesitaba planificar un día al mes, un «Día de Debbie», para hacer cosas que alimentaran mi bienestar.

Lo que he notado es que cuando no estoy usando mis excusas y llevándome hasta el agotamiento, sino que sigo mi orientación interior, me mantengo relativamente sana y fuerte. Ahora, en muchas ocasiones, siento que voy a enfermar, pero al darme cuenta de que enfermar es sólo una excusa para prestarme atención, puedo elegir tomarme el tiempo para prestarme la atención que necesito, incluso si eso significa cancelar planes y decepcionar a algunas personas. Renunciar a nuestras excusas nos impulsa hacia la poderosa consciencia de asumir la responsabilidad de nuestras vidas.

Cuando asumimos la responsabilidad, entramos en todo el poder de nuestra humanidad. Dejamos atrás los límites establecidos por nuestras historias y vamos más allá de nuestras creencias-sombra, esas creencias que nos dicen: «No puedes hacerlo». Entramos en el poderoso conocimiento de que podemos co-crear nuestros deseos y nuestros sueños. Asumir la responsabilidad de que todo lo que somos es el mayor regalo que podemos hacernos, porque nos hace enteros. Nos da poder y nos apoya mientras avanzamos hacia nuestro pleno potencial.

Cierra los ojos y respira entrando en este pensamiento: *En este momento, tengo el poder innato para cambiar la dirección de mi vida.* ¿Te sientes fuerte o débil? No hay nada más emocionante para nosotros que saber que tenemos el poder para cambiar. Podemos elegir cómo queremos ver el mundo. O nos inspira la posibilidad de ser co-creadores de cada acontecimiento de nuestras vidas, o seguimos siendo víctimas de nuestras creencias-sombra, las cuales nos quitan poder, diciéndonos que no merecemos tenerlo todo.

Incluso si has estado viviendo dentro de la historia de que la vida te ha tratado mal, cuando seas capaz de decir, «Yo me estoy haciendo esto a mí», tendrás el poder para detener eso o de hacer algo distinto. La voz del poder dice: «Yo lo estoy haciendo. Yo lo creé. Soy responsable de ello. Puedo cambiarlo». La voz de la impotencia dice: «No puedo evitarlo. Ellos me hicieron eso a mí. No puedo salir de esto». En cada momento de tu vida tienes la oportunidad de elegir en qué mundo quieres vivir. Esta es tu oportunidad de definir tu mundo.

Poderoso... Impotente... Tú eliges.

Pasos de acción sanadores

1. Haz una lista de todos los ámbitos de tu vida en los que estás experimentando limitación o frustración, o en los que no estés recibiendo todo lo que deseas. A continuación, cierra los ojos, respira hondo hasta el interior de tu corazón y date permiso para ser completamente sincero. Con los ojos todavía cerrados, hazte las siguientes preguntas, anotando en tu diario todo lo que surja.
   - ¿A quién culpo del estado en que está mi vida?
   - ¿A quién echo la culpa cada vez que no consigo manifestar todo mi potencial?
   - ¿Qué comportamientos, adicciones o pautas autodestructivas utilizo para probar que me han hecho daño o me han tratado mal?
   - ¿Qué compensación recibo al hacer a otras personas responsables de mi realidad? ¿Qué consigo fingir, negar o evitar?

2. En otra hoja de papel, haz una lista de todas las excusas que utilizas para justificar por qué no puedes realizar las cosas que más deseas. Cuando hayas terminado, lee tu lista de excusas en voz

alta. Luego cierra los ojos y entra en tu interior. Respira hondo unas cuantas veces y hazte las siguientes preguntas, escribiendo después en tu diario cualquier revelación que recibas.

- ¿Cuántos años he estado usando estas excusas?
- ¿Qué necesidad satisfacen mis excusas?
- Si me desprendo de mis excusas, ¿a qué sentimientos y experiencias de los que ahora no dispongo tendré acceso?

Pensamiento

«Hoy elijo asumir la responsabilidad de mi realidad de una forma total y completa. Y me gusta.»

6

El poder del proceso

Permaneceremos dentro de nuestras historias hasta que hayamos extraído de ellas todas las lecciones y la sabiduría que necesitamos para hacer nuestra aportación única al mundo. Es importante que comprendamos que nosotros hemos creado nuestras historias –con toda su magnificencia y toda su desesperación– para aprender las lecciones específicas que más necesitamos. Nuestras historias contienen toda la sabiduría que necesitamos para convertirnos en las personas que anhelamos ser. Las lecciones para cada uno de nosotros son distintas. Como dice Deepak Chopra tan bellamente: «Hemos caminado por jardines distintos, hemos llorado en funerales distintos y nos hemos arrodillado ante tumbas distintas». Cada uno de nosotros tiene diferentes triunfos y fracasos, y lecciones distintas que aprender. Pero la orientación Divina ha ayudado en todas las experiencias de nuestras vidas, mostrándonos muy claramente quiénes somos y dándonos exactamente lo que necesitamos para realizar nuestra finalidad única. Las historias de nuestras vidas nos han provisto a cada uno de nosotros de una serie de habilidades particulares y una mezcla única de sabiduría que debemos entregar al mundo.

Para vivir fuera de nuestras historias debemos caminar valientemente por nuestras vidas impulsadas por los dramas e iniciar el proceso de aceptar y amar todo lo que somos y lo que no somos.

Debemos tomarnos el tiempo necesario para examinar cada uno de los capítulos de nuestras vidas, sacando a la luz los puntos en los que todavía estamos estancados, dolidos o incompletos. Debemos comprometernos a soltar nuestros resentimientos y a dejar de culpar a otras personas por el estado de nuestras vidas. Debemos estar dispuestos a asumir la responsabilidad de nuestras circunstancias actuales y a soltar toda la carga de nuestro pasado que todavía llevamos sobre nuestras espaldas. Debemos comprometernos a transitar por el camino que pasa por nuestros dramas personales y, finalmente, hacer las paces con nuestras historias.

Deja de perseguir momentos que te hacen sentir bien

Millones de personas han gastado millones de dólares intentando alcanzar niveles más profundos de paz interior, en vano. Otras han sido capaces de hacer algún progreso para sentirse mejor respecto a sus vidas, limpiando sus pensamientos, sus armarios y sus relaciones. Algunas continúan buscando, intentando desesperadamente hallar la respuesta correcta: esa que los liberará de su sufrimiento. Pero no hay salida. Cuando evitamos sentir dolor, perpetuamos los dramas existentes y arrastramos nuestro pasado con nosotros cada día. Es casi imposible apreciar dónde nos encontramos, o qué estamos haciendo, cuando el pasado está justo debajo de la superficie de nuestra consciencia, acechando todos nuestros movimientos, recordándonos nuestros fracasos y nuestros traumas. Para iniciar el proceso de hacer las paces con nuestras historias, debemos comprometernos a dejar ir todos los comportamientos que utilizamos para anestesiar nuestro dolor. Si examinamos detenidamente esos comportamientos y estamos dispuestos a contar la verdad, probablemente veremos que, de cualquier modo, la mayoría de las formas de insensibilizarnos no funcionan muy bien. Para poder sanar, debemos dejar de perseguir lo que yo llamo los «momentos que te hacen sentir bien». El siguiente proceso te ofrece una manera para salir del interminable ciclo del descontento. No es un camino fácil. No creo que *haya* un camino fácil, pero te prometo que el camino directo hacia la paz duradera y el contento es mucho más fácil de transitar que el camino serpenteante de estar continuamente buscando, intentando y fracasando.

Vivir una vida en la que sentimos que en lo más profundo de nuestro ser hay algo que no funciona (que no valemos lo suficiente o que no le importamos a nadie) es un infierno difícil de soportar. También lo es vivir una vida en la que nuestros sueños están siempre un paso por delante de nosotros. La falta de esperanza, el descontento y el aparentemente interminable pozo de dolor emocional matan nuestros espíritus y nos separan de nuestro Yo más extraordinario. No hay nada peor para el espíritu humano. Nada puede quitarnos nuestra fuerza vital más que la creencia de que somos deficientes o que no somos normales, o que en algún nivel fundamental no tenemos arreglo.

Integrarlo todo

El proceso de hacer las paces con nuestras historias exige que identifiquemos, aceptemos e integremos todo lo que nos ha causado dolor en el pasado. El proceso es el mismo, tanto si estamos intentando superar un incidente doloroso, como si queremos integrar una creencia-sombra o aceptar los aspectos no deseados de nosotros mismos. Tanto si sufrimos depresión, mala salud, descontento, sensación de indignidad, arrogancia o una baja autoestima, el camino a la sanación es el mismo. El habernos criado con una madre iracunda se procesa de la misma manera que se procesa que un primo haya abusado sexualmente de nosotros. Procesamos la decepción por haber perdido un empleo de la misma manera que procesamos la rabia hacia la persona que nos rompió el corazón. Una de esas cosas puede ser más dolorosa, o puede dejarnos cicatrices más profundas, pero el camino hacia la sanación sigue siendo el mismo. Cuando realizamos el viaje interior de aceptar nuestra historia y todos sus ingredientes, empezamos a ver la vida que nos espera, una vida que nos dará el regalo de nuestro ser eterno. Nuestros traumas y fracasos, una vez que han sido comprendidos y procesados, nos llevan a lo más profundo de nuestro interior y nos devuelven a nuestra esencia Divina.

Encontrar el regalo que está dentro del dolor

Los temas que permanecen justo debajo de la superficie de nuestra consciencia son los grumos en nuestra mezcla. Esas heridas no sanadas nos impiden salir de las limitaciones de quienes creemos ser. También son la cola que mantiene en su sitio a nuestra historia. Esos grumos podrían parecer intrascendentes, pero suelen estar relacionados con problemas mucho más profundos. Por ejemplo, cuando yo tenía veintitantos años, realmente quería ser atlética. Admiraba a las personas que jugaban al tenis, que iban a esquiar y que participaban en otros acontecimientos deportivos. Muchos de mis amigos y familiares eran grandes atletas, pero yo tenía la creencia-sombra de que era demasiado delgada y débil para participar. Entonces me interesé por un hombre llamado Kevin, un tenista profesional. Un día, mientras estábamos hablando, Kevin me preguntó por qué yo no jugaba al tenis como mi hermano y mi hermana. Inmediatamente, me lancé a mi historia de que nunca nadie me había animado a jugar al tenis porque yo no tenía el tipo de cuerpo adecuado. Me habían dicho que no era lo bastante fuerte, o suficientemente coordinada, y que me resultaría más difícil jugar al tenis porque era zurda. Con una mirada interrogante en su rostro, Kevin me preguntó qué edad tenía cuando me dijeron esas cosas. Intenté recordar la primera vez que había oído esas palabras.

Vi una imagen de mí misma como una niña de diez años que se sentía extraña en su cuerpo. Todavía podía experimentar la sensación conocida de incapacidad y la vergüenza por no encajar. Luchando por no derramar las lágrimas de esta herida emocional, le conté a Kevin todas las ocasiones en las que me había sentado en la línea de banda creyendo que tenía algún defecto físico. Esos recuerdos dolorosos me habían atormentado durante años, impidiéndome probar nuevos deportes o incluso jugar al voleibol en la playa. Kevin me escuchó atentamente y luego, con un brillo coqueto en los ojos, me dijo: «No me parece que tengas ningún problema ahora. ¿Por qué no salimos y le damos a la pelota?». Mi primer impulso fue decir que no, pero después de recibir ánimos durante unos días, salí con él y le di a una pelota de tenis por primera vez. Para mi gran sorpresa, lo hice con naturalidad. Me comprometí a tomar lecciones de tenis y no he dejado de jugar desde entonces.

Al enfrentarme a ese grumo en mi masa, a esa herida emocional que me decía que yo era defectuosa y poco coordinada, atravesé las limitaciones de esa historia. Este incidente desencadenó mil recuerdos de momentos en los que me había sentido demasiado delgada y frágil. Me permitió ver todas las ocasiones en las que había deseado ser más bajita, más gorda y más fuerte. Enfrentarme a esa herida emocional no sanada desenmarañó todo el dolor que yo había experimentado al ser una muchacha que se sentía como un espárrago delgado. Incluso lloré al pasar por el dolor de lo que consideraba la experiencia más humillante de mi vida: me encontraba en un baile en séptimo grado, vistiendo un vestido granate de terciopelo que mi tía Laura me había hecho, cuando Todd Halpren, un niño popular en la escuela, me llevó hasta el escenario mientras el vocalista del grupo cantaba «¿Quién es esa chica con las piernas delgadas?». Me sentí abrumada por la vergüenza y no quise volver a poner un pie en esa escuela nunca más.

Mi delgadez era mi mayor horror. Incluso intentaba ocultarla poniéndome dos pares de *shorts* o dos pares de pantalones. Me pasaba horas delante del espejo intentando infructuosamente hacer que mi cuerpo tuviera otro aspecto. A decir verdad, durante toda mi adolescencia me consideré una Olivia con una gran melena. Y sí, lucí una gran melena durante años, pensando que eso haría creer a la gente que era más grande de lo que era. Durante años me torturé, creyendo que si tuviera un cuerpo distinto sería aceptada y todo iría bien. Al procesar ese grumo, descubrí que en realidad todo mi dolor contenía unos regalos. Puesto que tenía que ser creativa para encontrar estilos de ropa que fueran bien con mi pequeño cuerpo, lo aprendí todo sobre la moda, el estilo y el color. Desde que tenía trece años, trabajé en tiendas vendiendo ropa de mujer y ayudando a las mujeres a crear estilos que resaltaran lo mejor de sus cuerpos. Era muy buena haciendo lo que hacía porque era sensible a lo doloroso que resulta tener un cuerpo que no está a la altura de tus deseos.

El despliegue de todos mis traumas emocionales me permitió desarrollar una nueva relación con mi cuerpo. En lugar de sentir resentimiento por ser delgada y frágil, pude aprovechar la gracia y la agilidad de mis huesos largos y delgados. Este ingrediente de mi receta ha continuado sirviéndome a lo largo de toda mi vida adulta. Me sirvió cuando trabajé como entrenadora en los medios de comunicación y como asesora de imagen. Incluso en la actualidad, en mis programas de asesoramiento, cuando enseño a las personas a conducir seminarios y a estar delante del público, uno de los regalos que aporto es ayudar a las personas a regresar a su estilo natural, para que su imagen no interfiera en su mensaje.

Creamos una historia en torno a cada incidente de nuestras vidas. Esas historias establecen nuestras fronteras interiores, las cuales determinan lo que podemos y no podemos hacer. Debemos tomar nota de que cada uno de esos pequeños dramas, cada grumo en nuestra masa, se entreteje con las historias más grandes de nuestras vidas. Jamás hubiera imaginado que mis sentimientos de incapacidad en relación a los deportes eran tan sólo la punta de un iceberg y que me llevarían a descubrir un problema más profundo sobre mi cuerpo y a sanarlo. Aceptar el dolor de mi pasado me permitió trascender las limitaciones de mi historia y me dio acceso a más dicha en mi vida.

¿Dónde están tus grumos?

Nuestras heridas emocionales nos impiden dar el salto para salir de nuestras historias, porque el dolor actúa como una valla invisible que nos atrapa en su interior. Tenemos miles de experiencias distintas en nuestras vidas, pero solamente algunas permanecen en nuestra consciencia, reviviéndose una y otra vez. Esos son los grumos de nuestra mezcla que en algunas ocasiones son visibles y en otras están ocultos. De cualquier manera, debemos buscarlos e integrarlos.

Tómate unos minutos ahora mismo y cierra los ojos. Respira hondo y pregúntate: «¿Qué incidente o acontecimiento de mi pasado todavía me causa dolor, rabia o pesar?». Algo surgirá, y cuando lo haga habrás descubierto uno de los grumos de tu mezcla. Quizás haya ocurrido hace dos días, o hace veinte años. No importa. Si quieres ser libre para utilizar tu historia en lugar de que tu historia te utilice a ti, necesitas integrar todos los aspectos de tu drama.

Los grumos de nuestra mezcla no son más que acontecimientos no procesados de nuestro pasado. Cuando los descubrimos y aceptamos de qué está hecho cada uno de ellos, podemos empezar a integrar todos los ingredientes de nuestra receta. La integración ocurre espontáneamente cuando descubrimos los regalos de nuestro pasado. Ocultas dentro de la oscuridad de nuestros momentos más dolorosos, están las lecciones que debemos aprender. La integración exige que veamos nuestras vidas como herramientas de aprendizaje y que honremos todo lo que nos ha ocurrido. Cuando seamos capaces de ver nuestro pasado y todo lo que hay en él como nuestro maestro y guía, entonces sabremos que hemos integrado profundamente todos los ingredientes de nuestra receta. Ya no perderemos el tiempo preguntándonos por qué nos han ocurrido determinadas cosas y ya no nos resistiremos a nuestras historias. Integración equivale a libertad. Finalmente seremos capaces de parar, de dejar de intentar reparar, cambiar o mejorar nuestra historia. En lugar de eso, habremos dado un paso importante en el viaje hacia el exterior de nuestra historia.

Procesa tus grumos

Cuando Allie tenía ocho años y estaba en segundo grado, un día su madre la dejó en la escuela. Antes de marcharse, le dio un gran abrazo y le dijo que volvería a buscarla a las dos. Después de las clases, Allie caminó hasta donde estaban todas las mamás y los papás que venían a buscar a sus hijos. Rápidamente, encontró un lugar donde colocarse y esperó allí ansiosamente, lista para volver a casa después de un largo día en la escuela. Allie vio cómo llegaba un coche tras otro, se llenaba de niños y se marchaba. Veinte minutos más tarde, todos sus amigos habían desaparecido y ella estaba sola. Sin saber qué hacer, se dedicó a mirar a su alrededor y a observar la calle en busca de su madre, pero ésta nunca llegó. Cuando el aparcamiento se había vaciado por completo, Allie se sentía perdida y desesperadamente asustada. Segura de que su madre se había olvidado de ella y sin saber qué otra cosa hacer, empezó a caminar sola en dirección a su casa. Sintiéndose avergonzada por haber sido olvidada, Allie encogió los hombros y dejó caer la cabeza con la esperanza de no ser reconocida por nadie que ella conociera.

Ese día en el segundo grado, Allie tomó algunas decisiones que afectarían al resto de su vida. Decidió que debía de haber algo malo en ella y que por eso había sido olvidada. Eso se convirtió en la historia de Allie. Ella hizo que la ausencia de su madre significara que no formaba parte de ese lugar y, por lo tanto, que nadie la querría. Después de todo, razonó, si no hubiera nada malo en ella y formara parte de ese lugar, su madre nunca la habría olvidado ese día. Además, en ese momento y ahí mismo decidió que no podía depender de los demás. Sentada conmigo veinte años después de ese incidente, Allie todavía podía sentir el dolor destrozando su corazón. Acabábamos de descubrir un grumo sin procesar en la mezcla de Allie, uno que todavía la impulsaba, hasta ese día, limitando la cantidad de intimidad que experimentaba en sus relaciones personales y el nivel de responsabilidad que se permitía aceptar en el trabajo. Allie deseaba desesperadamente aprender las lecciones de ese doloroso incidente (encontrar sus regalos) y seguir adelante con su vida.

Le pedí que hiciera una lista de sus comportamientos actuales que fueran el resultado de las conclusiones a las que había llegado ese día: que ella era poco importante y que era una niña mala. Le pedí que escribiera acerca de todas las formas en que esas conclusiones habían afectado negativamente a su vida. La lista de Allie era algo así:

- Siempre tengo que esforzarme para ser sumamente agradable con la gente y hacer todo lo posible para hacerla feliz.
- Siempre hago lo que quieren los demás para no quedarme fuera.
- Renuncio a mis propias necesidades por satisfacer las necesidades de los demás.
- No puedo hablar y decir lo que pienso o siento, porque entonces los demás podrían dejarme.
- Tengo que entregar todo mi poder a los demás.

Entonces, pregunté a Allie si podía ver que todavía estaba culpando a su madre por haberla olvidado aquel día. Aunque tenía una relación estupenda con ella, Allie se dio cuenta de que todavía sentía algún resentimiento hacia su madre por ese incidente. También pudo ver que, inconscientemente, le echaba la culpa cada vez que se daba cuenta de que estaba teniendo alguno de los comportamientos de la lista. Allie había hecho varios años de terapia y otro tipo de trabajo sobre sí misma, y se quedó pasmada al descubrir que todavía seguía culpando a su madre. Entonces le pregunté qué estaba obteniendo del hecho de aferrarse a ese incidente. Me respondió lentamente: «Consigo tener razón en mi creencia de que realmente uno no puede contar con nadie y de que las personas no están ahí cuando uno las necesita».

El siguiente paso fue que Allie pensara en las ocasiones en las que había co-creado hechos similares en su vida, y que luego lo pusiera por escrito. Después de todo, encontraba un poco de alivio al afirmar la verdad de su historia. Allie descubrió que en más de cinco relaciones había podido probarse a sí misma que ella no era importante y que las personas no estaban ahí cuando las necesitaba. Era una historia conocida, y Allie lo sabía muy bien. Ella había revivido este argumento numerosas veces en su vida –no sólo en sus relaciones más importantes, sino también de pequeñas maneras, como cuando dejaba que la pasaran por alto para un ascenso en el trabajo o cuando dejaba que la gente se colara delante de ella en las tiendas. Cada vez que era ignorada o dejada de lado, Allie no sólo tenía la satisfacción de tener razón acerca del hecho de que ella no era importante, sino que además conseguía echarle la culpa a su madre otra vez por haberla dejado allí aquel día. Veinte años más tarde, después de haber perdido su empleo y de haber experimentado otro fracaso en una relación, Allie estaba preparada para integrar ese incidente con todo su dolor.

Pedí a Allie que cerrara los ojos, mirara en su interior y se preguntara qué necesitaba hacer para sanar de los efectos de ese incidente. Ella me dijo que quería que su madre le escribiera una carta diciéndole cuánto lo sentía y reconociendo el dolor que sus actos le habían causado. Allie sabía que era posible que su madre no quisiera hacerlo, pero sentía que necesitaba pedírselo de todos modos. Le dije que si su madre se oponía a la idea, con la misma facilidad ella podía escribirse una carta a sí misma desde la perspectiva de su madre. Allie la llamó y, aunque ésta apenas recordaba el incidente, le dijo que le escribiría la carta con mucho gusto, sabiendo que ello ayudaría a la sanación de su hija. Esto es lo que su madre le escribió:

> Queridísima Allie:
>
> Esta carta es una disculpa por el incidente que me contaste la última vez que hablamos. Cuánto te dolió, siendo una niña pequeña, que yo te prometiera recogerte del colegio y luego no apareciera. Siento que tuvieras que pasar por esa experiencia. Ojalá pudiera cambiar el pasado, pero no puedo. No puedo ni imaginar el miedo y el abandono que debiste sentir y lo asustada que debiste de estar. Cuando me lo contaste pude oír en tu voz todo el dolor y el sufrimiento que habías experimentado.
>
> Me gustaría decirte cuánto siento que hayas tenido esa experiencia. Tú significas muchísimo para mí. Jamás tuve la intención de hacerte daño en modo alguno. Me alegro de que hayas hablado de ese incidente conmigo, para que esa experiencia pueda ser superada. Espero que esta carta pueda aliviar algo del dolor y ayudarte a cerrar ese capítulo. Si puedo hacer cualquier otra cosa para ayudarte en ese proceso, por favor, házmelo saber.
>
> Te quiero y asumo toda la responsabilidad. Por favor, perdóname.
>
> Te quiere,
> Mamá

Allie leyó esas palabras y lloró con una mezcla de tristeza y alegría: la tristeza de la niñita perdida y sola, y la alegría de la mujer adulta sanándose del dolor de su pasado.

Después de que Allie pasara unos días con la carta de su madre, se sintió preparada para dar el siguiente paso: extraer la sabiduría que había en ese trauma. Una vez más, le pedí a Allie que cerrara los ojos y pensara en lo que había aprendido como resultado de ese incidente. Me dijo que, debido a ese incidente, había decidido que no quería que nunca nadie se sintiera poco importante o dejado de lado. Por lo tanto, se convirtió en una amiga y familiar responsable, fiable y digna de confianza. Mirándome, no con el puchero de una niña herida, sino con la seguridad de una mujer adulta, me dijo: «Si te digo que puedes contar conmigo, puedes contar conmigo, pase lo que pase. Mostrar mi apoyo a las personas es mi prioridad en la vida. Soy sensible a las necesidades de la gente y siempre intento mostrarles lo importantes que son». Entonces le pregunté a Allie cómo le habían servido en la vida esos dones. Era fácil ver que su calidez y su cariño habían ayudado a muchas personas y que la impulsaban a querer ayudar, enseñar y cuidar de los niños. Su entrega a las personas es una de las cosas que más le gustan de sí misma. En presencia de esos dones, Allie pudo apreciar la sabiduría y el valor que había obtenido del trauma que la había atormentado durante tanto tiempo. Le expliqué a Allie que lo más probable era que sus sentimientos de ser poco importante y de ser olvidada continuarían apareciendo porque habían estado con ella durante mucho tiempo. La pregunta no era cómo podía liberarse de esos sentimientos, sino cómo podía ser amable y compasiva consigo misma, incluso mientras los estaba sintiendo. Tranquilicé a Allie diciéndole que si era capaz de quererse y aceptarse incluso cuando se sentía poco importante u olvidada, entonces podría utilizar el dolor como parte de su receta. Las dos estuvimos de acuerdo en que las cualidades nacidas de su dolor serían sumamente importantes para ella en el futuro.

El proceso de integración paso a paso

Hay un proceso claro que utilicé con Allie para ayudarla a realizar la transformación de niña victimizada a mujer adulta consciente de sus dones únicos. Este proceso funciona, independientemente de cuáles sean los detalles específicos de la historia de una persona.

1. *Destapa el problema o la herida emocional que actualmente está causándote dolor.* Podría ser algo que te está ocurriendo en tu

realidad del presente, como una relación difícil o un problema actual con tu cuerpo o tu economía. O podría ser un acontecimiento de tu pasado que todavía hace que te sientas asustado, herido o victimizado. Una vez que has identificado el grumo en tu masa, empieza preguntándote: «¿Cómo hace que me sienta esto?».

2. *Cierra los ojos y pregúntate: ¿Cuándo he tenido estos mismos sentimientos antes? ¿Qué incidente de mi pasado me recuerda esto?* Deja que llegue a tu consciencia alguna escena de una época anterior en tu vida y observa el incidente que te venga a la mente con el mayor detalle posible.
3. *Pregúntate: ¿Qué hice que ese acontecimiento significara acerca de mí?* El significado que le asignamos a los acontecimientos de nuestras vidas, y no el acontecimiento en sí mismo, es la fuente de nuestro dolor emocional. Cada uno de nosotros interpreta los acontecimientos y las circunstancias de sus vidas de una manera distinta. El significado que le asignamos a las experiencias de nuestras vidas determina si vamos a utilizar el acontecimiento para tener más poder y avanzar, o para perder poder y mantenernos estancados.

Vanesa y Emma son dos hermanas que eran unas niñas cuando su padre abandonó a su familia. A Vanesa, la hija menor, le gustaba tener a su madre pendiente de ella y disfrutaba de la paz y la tranquilidad que estaban presentes en la casa cuando no tenía que oír las peleas de sus padres. Emma vivía la situación de una manera completamente distinta. Hizo que el hecho de que su padre se hubiera ido significara que ella no era digna de amor y que se sintiera avergonzada por no tener una verdadera familia. Este incidente no apareció como un grumo en la mezcla de Vanesa, pero era un enorme grumo en la de Emma. Cuando descubres la decisión que tomaste sobre ti misma, o sobre ti mismo, es posible que descubras que es un tema recurrente en la historia de tu vida.

4. *Haz una lista de los comportamientos y las pautas recurrentes que son el resultado de esa decisión.* Por ejemplo, si decidiste que no te merecías nada bueno, que no eras digno de amor o que no valías lo suficiente, busca otras experiencias que hayan validado esa decisión.
5. *Fíjate en a quién culpas de la decisión limitadora sobre ti mismo a la que llegaste y en a quién le echas la culpa de todo lo que te ha ocurrido como consecuencia de esa decisión.* Realmente debes buscar todas las maneras, todas las ocasiones y todas las situaciones en las que has conseguido probar que tú tenías razón y en que has culpado a otra persona. ¿A quién reprochas cada vez que este tema se repite y descubres que estás repitiendo pautas contraproducentes?
6. *Cierra los ojos y pregúntate: ¿qué tiene que pasar para que supere este incidente?* ¿Podrías realizar algún ritual que te ayudara a procesar el dolor que rodea a ese incidente? ¿Hay algo que tengas que decir o algo que te gustaría que dijera otra persona para que tú te sientas completo? Escribir es una manera estupenda de procesar los grumos, tanto si escribes libremente para expresar tus sentimientos, como si le escribes una carta a la persona implicada.
7. *Descubre los regalos que te ha dado ese incidente.* Este es el último paso –y el más importante– en este proceso. Haz una lista de todo lo que has ganado, todo lo que has aprendido y todo lo que ahora sabes como resultado de haber experimentado ese incidente. Por ejemplo, si durante toda tu vida tus padres te han criticado y te han dicho que eras estúpido o estúpida, es posible que hayas tomado la decisión de estudiar mucho, de sobresalir en los estudios y de hacer algo con tu vida. Pero ahora que has hecho esas cosas, en lugar de recrearte en la alegría de tus logros, todavía estás estancado en el resentimiento que sientes hacia tus padres. Para hallar el regalo de esta experiencia, tienes que buscar todas las ideas y lecciones positivas que este incidente te ha aportado. Quizás te preguntes: «¿Qué sabiduría puedo aportar al

mundo que no podría aportar si ese hecho no hubiera ocurrido?». Que te llamen estúpido cuando eres un niño puede convertirte en una persona más compasiva hacia tus propios hijos. Puede impulsarte a estudiar mucho, a tener una mejor educación y a ser culto. Los regalos pueden aparecer de muchas maneras, y serán distintos para cada uno de nosotros. Reconocer esos dones es un paso sumamente importante en nuestro proceso de sanación, porque hasta que no descubramos las cosas positivas que hay en los acontecimientos negativos de nuestras vidas, esas experiencias seguirán teniendo control sobre nosotros. Para trascender nuestras historias debemos extraer los dones, las lecciones y la sabiduría de cada uno de los hechos que nos han influido dramáticamente. Cuando hayamos integrado esos hechos, seremos capaces de mezclar todo lo que somos en un gran cuenco y de integrar los ingredientes en nuestra consciencia. Al aceptar tanto el dolor como los regalos que esos incidentes nos han traído, nos damos cuenta de que nuestras vidas han sido diseñadas y moldeadas con un único propósito. Solamente entonces se nos revelará la aportación que ocultan nuestros dramas personales.

Hay otra historia que ilustra cómo funciona este proceso. Mientras la lees, intenta distinguir cada uno de los pasos individuales del mismo.

Natalie vino a verme cuando llevaba seis años teniendo una relación con Jeff, un hombre divorciado, sensible y cariñoso. Aunque Jeff poseía todas las cualidades que ella siempre había deseado en un hombre, Natalie pasaba una gran parte del tiempo que estaban juntos sintiéndose enfadada y distante. Ella me dijo que, por motivos que desconocía, por mucho que Jeff le reafirmara su amor, ella siempre sentía que era menos importante para él que su hijo, Jesse. Me dijo que había dedicado mucho tiempo y esfuerzo a competir con Jesse por la atención de Jeff, y que cuando perdía (lo cual ocurría a menudo) actuaba como una niña enfurruñada. En varias ocasiones, Natalie se encerraba en su habitación cuando Jesse venía de visita. Incluso cuando Jesse no estaba con ellos, Natalie guardaba todas sus fotografías porque le resultaba demasiado doloroso reconocer que Jeff compartía su corazón con otra persona.

Sabiendo que su problema actual con Jeff y con Jesse provenía de alguna herida emocional anterior que no había sanado, le pedí a Natalie que cerrara los ojos y recordara otra época en su vida en la que hubiera sentido que no valía lo suficiente como para obtener el amor que deseaba. Ella me dijo que cuando tenía once o doce años, su madre había tenido una crisis nerviosa y la habían ingresado en el hospital. Mientras su madre estaba ausente, el padre de Natalie la había llenado de regalos: ropa, perfume y, lo más importante, su atención absoluta. Aunque Natalie echaba de menos a su madre, por primera vez en su vida se había sentido profundamente querida y especial, y cerca de su padre. Cuando su madre regresó a casa un par de meses más tarde, no fue la reunión feliz y alegre que Natalie había esperado. En lugar de eso, su madre comenzó a investigar, preguntándole por qué tenía tanta ropa nueva, perfume y otros regalos. Claramente, su madre estaba enfadada porque su padre le había prestado tanta atención a Natalie mientras ella estaba ausente. De repente, Natalie se dio cuenta de que sus padres estaban peleando a causa de ella y, al mismo tiempo, sintió cómo su padre se alejaba de ella, poniendo fin al estrecho vínculo que habían tenido. El dolor de esa separación todavía estaba presente en Natalie hasta la actualidad. Le pregunté qué significado le había dado ella al distanciamiento de su padre. Me dijo que había hecho que eso significara que ella no valía lo suficiente como para ser querida y que no era suficientemente importante como para conseguir la atención que necesitaba.

Entonces pedí a Natalie que hiciera una lista de todas las maneras en que el hecho de decidir eso había impactado negativamente en su vida. Esta es su lista:

- Cuando sentí que mi padre se alejaba de mí, empecé a vestir de una forma seductora, intentando desesperadamente llamar la atención.
- Si el hombre con el que estaba saliendo prestaba atención a cualquier otra mujer, sentía rabia y resentimiento, tanto si se trataba de su madre, su hermana, una camarera o una vieja amiga.
- Desde muy joven, siempre he tenido la necesidad de controlar a los hombres en mi vida. Yo administro su tiempo y necesito saber adónde van y con quién van a estar.
- Me he humillado en numerosas ocasiones por actuar movida por los celos y la ira cuando no conseguía la atención que quería.
- Era tan insegura que rompía relaciones con hombres estupendos porque no sentía que ellos estuvieran dispuestos a que yo fuera la persona más importante de sus vidas.

Natalie vio fácilmente que ese único incidente, y las conclusiones que lo acompañaron, había tenido un impacto en todas las relaciones que había tenido con los hombres. Entonces le pedí que cerrara los ojos e intentara ver a quién le echaba la culpa de que ella tuviera esos comportamientos. En un instante, soltó: «A mi madre». Esta respuesta sorprendió a Natalie, porque siempre había sentido que culpaba a su padre por su distanciamiento. Pero en ese momento Natalie pudo ver que culpaba a su madre del distanciamiento de su padre, pues sentía que ella lo había obligado a elegir entre las dos. Natalie se dio cuenta de que cada vez que actuaba movida por los celos y cada vez que saboteaba otra relación, estaba señalando con el dedo a su madre muerta y diciendo: «¿Ves lo que me hiciste? Todo esto es por tu culpa». Ahora, derramando lágrimas de tristeza, Natalie me dijo que su madre, en los días anteriores a su muerte, había estado en coma. Una noche, justo antes de morir, su madre despertó y miró a su alrededor. Natalie corrió hasta su lado, la cogió de la mano y le dijo: «Mamá, te quiero». Entonces, su madre dijo las últimas palabras que Natalie la oyó decir: «¿De verdad?». Natalie lloró al confesar que esas palabras la habían atormentado durante veinticinco años. Le pregunté cómo había interpretado las palabras de su madre. Natalie me dijo que había decidido que las palabras de su madre «¿de verdad?» querían decir «¡y a mí qué!». Pero en esta ocasión, al recordarlas, ella hizo que significaran: «¿Cómo es posible que me sigas queriendo?».

Pedí a Natalie que mirara en su interior y viera qué era lo que tenía que ocurrir para que ella sanara ese incidente, para que integrara ese grumo que le había causado tanto dolor en su mezcla. También la animé a pasar todo el tiempo posible escribiendo sobre el incidente, invitar a otros recuerdos y sentimientos a salir a la superficie para ser superados. Cuando nos vimos unos días más tarde, Natalie me dijo que, un día, mientras escribía en su diario, se dio cuenta de que su madre no era una persona vengativa o llena de odio, sino un mujer que se sentía despreciada y profundamente insegura. Su padre era un mujeriego que le había sido infiel en muchas ocasiones. Durante veinticinco años, Natalie había asistido a una terapia, trabajando sus problemas con su padre, creyendo que lo que ansiaba desesperadamente era tener su amor. Continuaba representando la misma situación de su pasado, intentando inconscientemente obtener la atención de su padre a través de Jeff y de otros hombres. Al hacer el trabajo de integrar esta experiencia, Natalie pudo ver que lo que en realidad había estado buscando siempre era el amor de su madre. Súbitamente, vio los celos de su madre bajo una luz enteramente nueva. Su madre simplemente quería amor y atención, exactamente igual que Natalie. Darse cuenta de eso hizo que brotaran más lágrimas, pero esta vez no eran las lágrimas de la niñita traicionada por su madre, sino lágrimas de compasión y genuina comprensión. Cuando le pregunté a Natalie si había pensado en algún ritual sanador que pudiera realizar con su madre, me habló de uno que se le había ocurrido espontáneamente un día mientras repasaba sus viejas fotografías. El ritual sanador de Natalie consistía en mirar una foto de su madre cada noche antes de irse a dormir e imaginar que sostenía a su madre en sus brazos. Luego le diría las palabras que su madre siempre había anhelado oír: «Sí que te quiero, mamá. Eres importante y eres digna de ser querida». Al comprometerse a querer y perdonar a su madre, Natalie fue capaz de acceder a la parte de sí misma que podía hacerle de madre.

La última parte del proceso fue que Natalie descubriera los regalos que habían sido generados por las últimas palabras de su madre y que recibiera la sabiduría que estaba oculta dentro de su creencia-sombra de que no era digna de ser querida. El regalo más importante del que Natalie me habló fue que el dolor de su propia infancia fue la principal fuerza impulsora para convertirse en terapeuta familiar y que sus problemas no resueltos con su madre y con su padre le habían dado la comprensión y la compasión que necesitaba para trabajar con sus clientes. Las luchas que Natalie tenía con el hijo de Jeff le habían permitido ser una guía para otras familias mezcladas, ayudándolas a crear relaciones sanas y satisfactorias. Y puesto que ella conoce demasiado bien el dolor de no tener el amor incondicional de una madre, Natalie se ha convertido en una experta enseñando a los demás a ser madres para sí mismos y a conocer sus propias necesidades no satisfechas.

* * *

Al principio, el proceso de integración puede parecer abrumador, porque la mayoría de nosotros tiene mucho dolor proveniente del pasado que no ha sido analizado. Pero lo que he descubierto al conducir a miles de personas a través de este proceso, es que si estamos dispuestos a ir tras los incidentes más traumáticos primero, los traumas secundarios y los problemas menos importantes suelen desaparecer por sí solos. A menudo encontraremos que muchos de nuestros momentos más traumáticos están relacionados con algún acontecimiento importante que hizo que decidiéramos algo central sobre nosotros mismos, una decisión que formó la historia de nuestra vida. En ese momento, dimos vida a una de nuestras creencias-sombra centrales, la cual se revivía a lo largo de toda la historia de nuestra vida.

Puesto que cada uno de nosotros tiene una aportación única, distinta de la de cualquier otra persona, somos los únicos que seremos capaces de encontrar nuestro tesoro interior. El regalo que somos podrá verse únicamente cuando estemos preparados: cuando hayamos integrado todos los componentes de nuestras historias individuales; cuando hayamos renunciado a nuestro derecho a decir que los demás están equivocados y a echar la culpa a los demás por el estado de nuestras vidas. Sanar las heridas de nuestro pasado es un proceso sagrado. Es un proceso santo, un momento en el que decidimos salir de nuestros dramas, de la pequeñez de nuestros seres individuales y vemos el carácter sagrado de nuestra existencia. Al obtener sabiduría de nuestras heridas emocionales, nos liberamos del pasado y somos capaces de comprender algo verdaderamente asombroso: nuestro propósito Divino en esta vida.

Pasos de acción sanadores

El siguiente ejercicio es sumamente importante para superar el pasado y descubrir los regalos que están ocultos dentro de los acontecimientos dolorosos de tu vida. Es importante que pongas toda tu atención en el proceso. Dedica al menos media hora ininterrumpida y crea una atmósfera que te ayude a realizar un profundo trabajo interior. Ten cerca tu diario y un bolígrafo. Recuerda que todas las respuestas que necesitas están dentro de ti; sólo tienes que quedarte en silencio lo suficiente para poder oírlas.

Cuando estés listo, cierra los ojos y respira lenta y profundamente cinco veces, utilizando tu respiración para relajar tu cuerpo y aquietar tu mente. Formula cada pregunta una a una. Luego deja que la respuesta surja de lo más profundo de tu interior. Cuando hayas recibido la respuesta a una pregunta, abre los ojos y escríbela en tu diario, y luego pasa a la siguiente pregunta.

- ¿Qué incidente de mi presente o mi pasado todavía me provoca dolor, rabia o pesar?
- ¿Cómo hace que me sienta esta situación?
- ¿Cuándo he tenido estos mismos sentimientos antes? ¿Qué incidente de mi pasado me recuerda esto?
- ¿Qué significado he dado a este acontecimiento en mi vida? ¿Qué fue lo que decidí que era una verdad sobre mí?
- ¿Cómo ha afectado negativamente a mi vida el haber decidido eso?
- ¿A quién culpo por la decisión que tomé y por todo lo que me ha ocurrido como resultado de esa decisión?
- ¿Qué tiene que ocurrir para que yo supere este incidente? ¿Hay algo que necesito decir o hacer para sentirme completo?
- ¿Qué he ganado, qué he aprendido y qué sé ahora como consecuencia de haber experimentado ese incidente? ¿Qué conocimiento puedo ahora aportar al mundo como resultado de lo que he pasado?

Pensamiento

«Cada acontecimiento doloroso de mi vida
me ha traído grandes regalos.
Encuentro esos regalos sin esfuerzo.»

7

Haz las paces con tu historia

Para liberarnos de las limitaciones de nuestras historias, debemos estar dispuestos a renunciar a la comodidad de nuestros capullos. En una ocasión, oí la historia de una chica joven que le preguntó a una anciana sabia: «¿Cómo se convierte uno en una mariposa?». Con un guiño en el ojo y una gran sonrisa, la anciana respondió: «Tienes que tener tantos deseos de volar que estés dispuesta a dejar de ser una oruga». A veces, salir de los capullos de nuestras historias puede ser un proceso lento y doloroso, pero en cuanto salimos liberamos nuestras almas y disfrutamos de la dicha de la libertad emocional y espiritual. Para poder salir de nuestras historias, primero tenemos que aprender a amarlas, honrarlas y valorarlas por todas las cosas que nos han aportado. Debemos reconocer las experiencias que nos han traído y la sabiduría que nos han dispensado. Entonces, y sólo entonces, podremos hacer las paces con nuestras historias y dejarlas atrás para realizar nuestros deseos más profundos.

Siempre me desconciertan los rencores que tenemos contra nosotros mismos desde mucho tiempo atrás. ¿Por qué nos culpamos continuamente por hechos que ocurrieron hace diez, veinte o treinta años? ¿Por qué sentimos que somos indignos de la salvación completa y total, o de la absolución por los crímenes de nuestro pasado? He pasado años pensando en esta cuestión. He visto a personas sabotearse continuamente, privándose de todo lo que es verdaderamente importante y de aquello que alimentaría sus almas. ¿Es posible que, en algún nivel, estemos continuamente intentando matarnos? Si no a todo nuestro ser, al menos alguna parte oscura y horrible: los aspectos o incidentes que más nos avergüenzan. La destructividad de culparnos y odiarnos a nosotros mismos puede verse por toda nuestra sociedad. Las adicciones, la violencia y el maltrato impregnan nuestras vidas, y no llegamos a desarrollar nuestro potencial.

Perdónate

He dedicado años al movimiento de la autoayuda, primero trabajando en mí misma y luego actuando como guía para los demás. He llegado a comprender que la esencia de la sanación es perdonarse a uno mismo. No hay nada –y quiero decir nada– más esencial para el proceso de sanación. Hasta que hagamos las paces y nos perdonemos a nosotros mismos por todos los aspectos de nuestras vidas y nuestras historias, continuaremos utilizando el pasado para machacarnos y sabotear nuestros sueños más queridos. El perdón de uno mismo tiene lugar cuando nos relajamos y entramos en la vulnerabilidad de nuestra humanidad y sentimos compasión por nuestras luchas internas. Cuando somos capaces de perdonarnos, entonces comprendemos por qué somos como somos, por qué creemos lo que creemos y por qué sentimos lo que sentimos. Mi amigo Sarano Kelly, autor de *The Game*, dice: «Cuando lo entiendes, las cosas empiezan a cambiar». Mientras continuemos sintiéndonos mal por nuestras historias, y hasta que hayamos hecho todo lo que está en nuestras manos para entender por qué están ahí, seguiremos regresando a las fronteras de nuestros dramas. Únicamente cuando aceptemos nuestras historias y nos perdonemos completamente podremos ser capaces de extraer toda la sabiduría que contienen. Solamente entonces seremos libres para vivir fuera de las limitaciones establecidas por nuestras creencias-sombra y por nuestras historias.

Resuelve tus asuntos inacabados

Hasta que no nos perdonemos a nosotros mismos, no seremos capaces de manifestar nuestro ser más extraordinario y vivir la vida de nuestros sueños. ¿Cómo vamos a sentirnos merecedores de amor, éxito, abundancia y una salud perfecta si nuestras historias nos están recordando continuamente que tenemos defectos, que somos insignificantes e indignos? ¿Cómo podemos despertar por la mañana atrayendo lo mejor del Universo si nos estamos machacando por nuestro egoísmo y seguimos sintiéndonos mal por haber dejado nuestras relaciones? ¿Cómo podemos recibir abiertamente la gracia Divina si sabemos que en nuestro pasado timamos a nuestro hermano o atacamos sexualmente a nuestra hermana? ¿Cómo vamos a respetarnos a nosotros mismos sabiendo que ignoramos continuamente los llamados de nuestra propia voz interior? Nuestros asuntos inacabados son la fuente de nuestra culpa. Layne y Paul Cutright, en su libro *Straight from the Heart*, dicen: «Una mente culpable espera un castigo. La culpa hará que atraigas a personas y/o situaciones que ratifican tus pensamientos de culpabilidad sobre ti mismo no resueltos». Nuestra culpa aparece por no escucharnos a nosotros mismos, por tomar decisiones que van en contra de nuestras creencias esenciales, por decepcionar a las personas que queremos y por elegir comportamientos que quizás consideremos que son egoístas. La fuente de nuestra culpa es que pensamos que hemos hecho algo erróneo o algo malo. Tememos y esperamos atraer el castigo que creemos que realmente merecemos. En la medida en que no hayamos solucionado los asuntos inacabados de nuestro pasado, inconscientemente nos castigaremos negándonos el amor, el éxito y la abundancia que deseamos.

Haz las paces con tu juez interior

Hasta que hagamos las paces con nuestro juez y jurado interiores, jamás nos permitiremos sentir y recibir el perdón Divino. Nuestro juez interior conoce la diferencia entre el bien y el mal. Imagina que debajo de la superficie de nuestra consciencia hay una gran balanza de la justicia que sabe cuál es nuestro mayor bien. A mí me gusta pensar que ese conocimiento interior es un conjunto de balanzas kármicas. Nuestra balanza kármica interna sabe cuándo nos hemos faltado al respeto y cuando hemos faltado al respeto a otras personas. Sabe cuándo estamos fuera de equilibrio. Nuestras balanzas kármicas representan nuestro conocimiento interior, nuestra sensación interna de integridad: la parte de nosotros que sabe lo que está bien y lo que está mal. Este juez interior sostiene nuestras balanzas internas de justicia, apoyándonos para que respetemos la integridad del espíritu humano. Todos nosotros hemos tenido la experiencia de pasar las líneas de nuestro propio conocimiento interno. Todos, en algún momento, hemos oído la voz de la intuición y hemos decidido acallarla o bloquearla para poder permanecer dentro de nuestras historias y continuar con nuestros propios planes. Pero cada vez que ignoramos nuestra intuición, cada vez que dejamos de escuchar a nuestra voz interior, cada vez que hacemos lo que nos dice la cabeza en lugar de hacer lo que nos dice el corazón, en realidad estamos faltando al respeto a nuestro Yo más profundo. Esa falta de respeto es lo que mantiene nuestra balanza desequilibrada y nos mantiene encerrados dentro de nuestros dramas. Hasta que aprendamos a respetar el carácter sagrado de nuestro conocimiento interior y de nuestra intuición, crearemos dolor y dramas para que nos guíen de regreso hacia nuestro Yo más elevado. Imagina que dentro del paquete llamado «Tú» hay un sistema operativo para mantenerte en la expresión más elevada de ti mismo. Este sistema operativo es tu guía y te hace saber cuándo vas por buen camino y cuándo te has desviado. Su única tarea consiste en apoyarte para que manifiestes tu Yo más extraordinario. Es tu propio guía personal; no tiene otros planes excepto realizar tu misión personal y apoyarte para que entregues tus dones al mundo.

¿Cómo es que nos desconectamos de este sistema de orientación? ¿Cómo nos separamos de la corriente de inteligencia Universal que fluye de una forma tan natural a través de nosotros? En algún momento en nuestras vidas, a todos nos han dicho que nuestros sentimientos no son importantes. Incluso es posible que nos hayan advertido que si continuábamos escuchando a nuestros impulsos y llamadas interiores seríamos expulsados de nuestras familias, castigados o separados de nuestros seres queridos. Esos mensajes contradictorios nos confunden y, gradualmente, empezamos a dudar de nosotros mismos y de nuestra propia sabiduría interior. En lugar de confiar en nuestra propia verdad, inconscientemente desconectamos de nuestro sistema operativo interno. Lentamente, perdemos contacto con nuestro sentido interno de lo que está bien y lo que está mal. Puesto que ya no estamos conectados con nuestra luz interior que nos guía, decidimos hacer lo que nos dicen nuestros padres u otras personas cuyas vidas parecen estar funcionando. A la larga, olvidamos enteramente nuestra propia voz para poder sentir que encajamos y que estamos integrados.

La falta de respeto hacia uno mismo

Muchos de nosotros nos alarmamos y nos sentimos movidos a actuar cuando vemos faltas de respeto en el mundo. Cuando roban, violan o maltratan a alguien, sentimos una sensación inmediata de injusticia. Es más difícil percibir las violaciones que cometemos contra nosotros mismos, porque a menudo nos faltamos al respeto de maneras aparentemente pequeñas e imperceptibles. Nos faltamos al respeto cuando renunciamos a nuestros sueños, cuando no dedicamos tiempo a cuidar de nosotros mismos, o cuando no hacemos que nuestras vidas interiores sean una prioridad. Nos faltamos al respeto cada vez que no nos damos aprecio y reconocimiento por nuestros esfuerzos y cada vez que negamos nuestros dones especiales. Nos faltamos al respeto a nosotros mismos cuando elegimos centrarnos más en nuestros defectos que en nuestra belleza. Nos faltamos al respeto cuando no nos damos el alimento que ansiamos, cuando hacemos malas elecciones y cuando nos negamos a perdonarnos por estar en nuestras circunstancias actuales. Nos faltamos al respeto cuando no somos compasivos con nosotros mismos por los errores que hemos cometido, cuando pasamos más tiempo escuchando a la negatividad de nuestras Cajas de Sombras que al amor de nuestros corazones. Nos faltamos al respeto a nosotros mismos cuando no hacemos aquello que nos hace felices. Nos faltamos al respeto a nosotros mismos al no permitirnos crecer.

La mayoría de las violaciones que cometemos contra nosotros mismos pasan desapercibidas por completo para nuestra percepción consciente. Pero nuestras psiques son agudamente conscientes del momento en que nos desviamos de nuestros sistemas de orientación internos. En una ocasión, conduje un seminario en el que pedí a la gente que hiciera una lista de todas las maneras en que se había traicionado a sí misma en su vida. Estas son algunas de las cosas que compartieron conmigo:

Faltamos al respeto a nuestros cuerpos cuando:

- comemos en exceso;
- ingerimos alimentos que sabemos que no nos hacen bien;
- hacemos trampa en nuestras dietas;
- nos decimos que vamos a hacer ejercicio y luego no lo hacemos;
- no dedicamos el tiempo suficiente al descanso y al entretenimiento;
- nos maltratamos con cigarrillos, alcohol o drogas;
- nos criticamos al mirarnos al espejo;

- prestamos más atención a nuestros defectos que a nuestra belleza;
- estamos tan ocupados que no podemos oír las señales que nos envían nuestros cuerpos;
- escuchamos nuestros diálogos internos de odio hacia nosotros mismos.

Nos faltamos al respeto en nuestras relaciones cuando:

- mantenemos relaciones con personas que nos maltratan física o emocionalmente;
- hacemos cosas que no queremos hacer para, o con, nuestros amigos;
- tenemos relaciones sexuales cuando no tenemos ganas;
- nos privamos de la intimidad cuando deseamos tenerla;
- rompemos acuerdos y compromisos con los demás;
- cotilleamos sobre otras personas;
- fingimos que nos caen bien personas que no nos caen bien;
- no pasamos suficiente tiempo con nuestros seres queridos;
- no expresamos nuestros sentimientos a otras personas;
- pasamos por encima de nuestras fronteras personales o ponemos en peligro nuestra integridad;
- hacemos que las necesidades de otras personas sean más importantes que las nuestras.

Faltamos el respeto a nuestra seguridad económica cuando:

- gastamos más dinero del que ganamos;
- nos endeudamos con nuestra tarjeta de crédito;
- firmamos cheques que rebotan;
- mentimos sobre nuestros ingresos;
- no ahorramos dinero;
- robamos;
- ignoramos nuestras deudas;
- pagamos nuestras facturas con retraso.

La mayoría de nosotros logra la transformación incluso cuando continuamos cometiendo ofensas contra nosotros mismos. Creemos que si asistimos solamente a un seminario más, si leemos un libro más, o si simplemente tenemos pensamientos felices, no tendremos que hacer una limpieza de las maneras en que nos faltamos al respeto. Podemos leer miles de libros de autoayuda, meditar todos los días y sentarnos a los pies de un gurú, pero si usamos la sabiduría que hemos obtenido solamente para criticarnos y para reducir nuestra valía, nos hemos faltado al respeto. Cada vez que nos miramos al espejo y vemos sólo parte de quienes somos, cada vez que pasamos más tiempo escuchando nuestros diálogos internos en lugar de reconocer nuestra grandeza, hemos faltado al respeto a nuestro ser. ¿Cuándo dejaremos de hacerlo? ¿Cuándo nos daremos cuenta de que nos hemos convertido en los agresores y que somos los únicos que pueden poner fin a la violencia interior?

Faltas de respeto sutiles

Como casi todas las mañanas, Wendy despertó decidida a comer bien. Concretamente, se comprometió interiormente a mantenerse alejada del pan y el azúcar, dos alimentos que ella sabía que no le hacían bien. Cumplió con su decisión durante toda la mañana e incluso durante la comida. Pero por la tarde, cuando sus compañeros de trabajo trajeron magdalenas de la panadería del barrio para celebrar el cumpleaños de alguien, Wendy, razonando que sería de mala educación rechazar las magdalenas, se comió una. Al instante, reconoció esa conocida sensación en las entrañas que era demasiado dolorosa de soportar. Llena de resignación, echó al traste su compromiso consigo misma y fingió que lo que había hecho no importaba. Se fue a casa sintiéndose pesada, apagada y desconectada de sí misma. Esa noche, mientras meditaba, Wendy se dio cuenta de que hacer trampas en su dieta era una manera en que continuamente se faltaba al respeto.

Emily, una ama de casa con dos niños, acostó a sus hijos tras un día largo y estresante. «Nos divertiremos juntos mañana, os lo prometo», les susurró mientras les daba un beso de buenas noches. Al salir del dormitorio, pensó de qué manera haría que el día siguiente fuera especial para los tres. Se prometió a sí misma que no iba a ver su culebrón a menos que sus hijos hubieran decidido dormir la siesta y se comprometió a dedicarles toda su atención. Pero al día siguiente, hacia las dos de la tarde, cuando Zachary y Alice todavía no habían dado muestras de querer dormir una siesta, Emily notó que estaba impaciente y resentida. Rápidamente, olvidó su compromiso a disfrutar de un día tranquilo con sus hijos y Emily acabó viendo la telenovela en su dormitorio mientras los niños lloraban a sus pies. A partir de ese momento, las esperanzas de Emily para ese día desaparecieron y los tres estuvieron malhumorados.

Esa noche, molesta por el desenlace del día, Emily entró dentro de sí misma y se preguntó: «¿Cómo podría mañana ser un día mejor para mí y para mis hijos?». En ese momento, se puso en contacto con el resentimiento que había estado acumulándose en su interior durante semanas. Emily necesitaba más tiempo para sí misma. Su propia niña interior estaba pidiendo a gritos «tiempo para mamá». Se dio cuenta de que cuidar de dos niños durante todo el día sin darse nada de tiempo para sí misma tendía a hacer que ella descargase sus frustraciones en sus hijos. Emily se dio cuenta de que para recuperar el equilibrio para sí misma y para su familia tendría que encontrar algún tiempo para ella. Se le ocurrió la idea creativa de intercambiar las tareas de cuidado de los niños con otra mamá del barrio que tampoco trabajaba fuera de casa. Una vez que tuvo el tiempo que necesitaba, Emily fue capaz de mantenerse presente con sus hijos y cumplir las promesas que les hacía. Al vivir dentro de su propia integridad y honrar su verdad más profunda, Emiliy fue capaz de hace una nueva elección, la cual la hizo salir de las limitaciones de su historia.

Nuestras faltas de respeto contra nosotros mismos se camuflan de maneras sutiles. Incluso ahora, es posible que estés intentando idear maneras de minimizar esta conversación. Entra y mira. ¿Estás negando esta verdad? ¿Estás justificando o afirmando que tú no eres así? Mira, durante los próximos días, observa muy profundamente e identifica dónde estás faltándote al respeto a ti mismo. ¿Estás dispuesto a examinar la profundidad del maltrato que creas a diario? ¿Te faltas al respeto continuamente en nombre de tu historia? Es tu vida; sólo tú tienes la capacidad de cambiarla. Esta es tu oportunidad de entrar en las profundidades. Puedes mirar atrás y ver que te quedaste en el capullo de tu historia, mirando por encima la superficie de tu dolor, o puedes mirar atrás y ver que te desafiaste, que dijiste la verdad, que asumiste la responsabilidad y actuaste de una manera coherente con la persona que deseas ser.

Equilibrar la balanza kármica

Enmendar las faltas de respeto a nosotros mismos es el máximo acto de respeto que podemos otorgarnos y otorgar a los demás. Enmendarlas nos devuelve la integridad y es un paso sumamente importante para hacer las paces con nuestras historias. Es importante que vayamos hacia atrás en el tiempo, repasando nuestras vidas, con la intención de enmendar los daños: equilibrar nuestra balanza kármica. Esto quiere decir compensar a todas las personas en nuestras vidas a las que podamos haber herido, mentido, engañado o traicionado.

Yo sabía que para sanar y hacer las paces con mi vida tendría que acabar con todo el caos que había provocado en mí misma, en mis relaciones y en el Universo. Deseaba tan desesperadamente poder ponerme delante del espejo y delante de otras personas y sentirme bien, no sólo respecto a mi presente, sino también respecto a mi pasado. A lo largo de los años, había dejado a muchas personas enfadadas, decepcionadas y heridas. Además, había cometido mi cuota de crímenes contra la naturaleza, contra las instituciones y contra otras personas. Mi primera tentativa de limpiar mi pasado fue en un programa de los Doce Pasos, donde aprendí que necesitaba compensar a las personas a las que había herido. Al principio pensar en ello me resultaba abrumador. ¿Cómo podía llegar a hacerlo? La mera idea de acercarme a alguien y decirle que le había mentido o quitado algo me hacía temblar de vergüenza. Era extraño: creía que nunca me había importado lo que otros pensaban sobre mí, porque en muy raras ocasiones había experimentado arrepentimiento, pero, al encontrarme ante este proyecto llamado «limpiar mi pasado», estaba abatida por el miedo y la vergüenza. Mi lista de víctimas me parecía demasiado larga como para poder enfrentarme a ella, pero, puesto que sabía que jamás podría sentirme bien conmigo misma, a menos que enmendara los daños que había hecho, reuní el valor para arreglar las cosas con las personas a las que había hecho daño y reparar los crímenes de mi pasado. Lo que me resultó más difícil fue enfrentarme a mis antiguos jefes y a los amigos de mi familia, pero, persona a persona, fui capaz de decir que lo sentía, de pagar el dinero que debía y de asumir la responsabilidad de ser la persona que había sido en el pasado. Poco a poco, mi autoestima comenzó a recuperarse e inicié el milagroso proceso de sentirme bien por dentro. Este proceso me permitió hacer las paces con mi historia. Cada enmienda que hacía, soltaba las cadenas que me habían mantenido atada al drama de mi pasado.

Si no vivimos una vida anclada en la integridad, intentaremos construir nuestra transformación sobre una mentira. Para poder tener la vida que hemos soñado debemos tener una base sólida sobre la cual construir la persona que somos y aquello en lo que creemos. Siempre que vivimos fuera de nuestra integridad personal, creamos un muro entre nosotros y los demás, y entre nosotros y la vida de nuestros sueños. En cualquier ámbito de nuestras vidas en el que dejamos de actuar movidos por la integridad o violamos nuestras reglas internas, estamos desconectándonos de la totalidad de nuestro poder y nuestra capacidad de crear lo que deseamos. Cheryl Richardson, autora de *Life Makeovers*, dice: «Todos tenemos diferentes reglas internas que componen nuestra integridad personal. La mayoría de la gente no es consciente de cuánta energía se necesita para vivir fuera de nuestras reglas internas. Cuando recuperamos nuestra integridad, liberamos enormes cantidades de energía que pueden servir a nuestras vidas actuales».

Nuestros problemas de integridad no sanada son la raíz de nuestro maltrato de nosotros mismos. En la medida en que nos sentimos fuera de equilibrio en nuestro mundo interior, nos privamos a nosotros mismos de realizar nuestros deseos en el mundo exterior. Nuestro odio hacia nosotros mismos atrae a personas y acontecimientos del Universo que nos reflejan nuestros sentimientos más profundos sobre nosotros mismos. Recuerda, *tu mundo exterior es un reflejo de tu mundo interior*. Y lo contrario también es verdad: cuando estamos alineados dentro de nosotros mismos, nos sentimos dignos de recibir todo lo que deseamos. Atraemos a personas y acontecimientos que son coherentes con la realización de nuestros deseos más profundos, porque, una vez más, estamos en equilibrio y nos sentimos bien con nosotros mismos en nuestro interior, el mundo entero nos devolverá el reflejo de nuestros buenos sentimientos. En la medida en que no hagamos una limpieza de los problemas de integridad dentro de nuestras historias, continuaremos alimentando el ruidoso diálogo interno de nuestras Cajas de Sombras. Hasta que tengamos integridad, jamás nos sentiremos merecedores o dignos de vivir nuestra vida más elevada.

Resolución kármica

La resolución kármica es el proceso de recuperar nuestra integridad. La logramos cuando enmendamos el daño que hicimos. La resolución kármica allana el camino para que trascendamos nuestras historias y nos da acceso al amor propio que deseamos.

La resolución kármica es el proceso de sanar nuestras relaciones con nosotros mismos, con los demás y con el mundo. Debemos ser cuidadosos de no enfocar esta tarea diciendo: «¿Qué es lo mínimo que puedo hacer para salir de este atolladero?» o «¿Qué me devolverá mi reputación a los ojos de las personas implicadas?». En lugar de eso, debemos buscar la acción que nos devuelva nuestra propia integridad dentro de nosotros mismos. Tenemos que preguntar: «¿Qué puedo hacer para equilibrar mi balanza kármica?». Y debemos estar dispuestos a oír la respuesta que nos llega desde lo más profundo de nuestro interior. Te prometo que si aceptas el proyecto de recuperar tu integridad, recibirás más amor, paz y libertad interior de la que podrías imaginar. Cuando nuestra balanza kármica está equilibrada, nos abrimos de una forma natural a nuevos niveles de autoestima y valía. Solamente entonces nos sentiremos suficientemente merecedores como para manifestar nuestros más profundos deseos y disfrutar de la abundancia del Universo.

Mientras estemos llenos de sentimientos de culpa y arrepentimiento, estaremos ciegos a nuestra magnificencia. Jordan, un promotor inmobiliario de treinta y cinco años, se había criado en las calles y desde muy pequeño había aprendido a sobrevivir gracias a su ingenio. Aunque llegó a ser mucho más rico de lo que había soñado, Jordan todavía se sentía atormentado por las faltas que había cometido en su juventud, y durante quince años había intentado sin éxito hacer las paces con su pasado. Asistía a seminarios y a grupos de hombres, e intentaba ser perdonado siendo extremadamente generoso con sus amigos y con su familia. Jordan conocía todas las palabras correctas que tenía que decir y todos los mantras adecuados que debía cantar para absolverse temporalmente de la culpa, pero aún así, en la quietud de la noche, seguía sintiéndose mal consigo mismo. Jordan era un hombre inteligente, educado y culto, y le desconcertaba infinitamente no ser capaz de superar su pasado. El mensaje que empañaba sus logros era «No merezco tener todo esto». Aunque era muy consciente del tema de su historia y de las limitaciones que implicaba, Jordan luchaba para vivir fuera de las fronteras de su drama personal. Le sugerí que buscáramos juntos para ver qué era lo que había hecho en el pasado que todavía hacía que se sintiera mal al respecto. Le expliqué que, aunque nuestras mentes pueden olvidar nuestras faltas, nuestros corazones siempre las recuerdan.

Aunque Jordan quería liberarse de su culpa, se resistía a la idea de que sus faltas del pasado pudieran estar afectando a su presente. Sentía que ahora era una buena persona, aunque admitía haber sido arrogante y negligente en el pasado. Le expliqué que hasta que no enmendamos los daños que hemos hecho, continuamos machacándonos y atraemos experiencias que nos devuelven el reflejo de los malos sentimientos que albergamos en nuestro interior. Nuestro conocimiento interno nos exige que volvamos a equilibrar aquello que hemos violado. Le dije a Jordan que, a menos que pudiera mirar a los ojos a cada una de las personas a las que había hecho daño, en alguna parte de su interior sentiría que no era una buena persona y, por lo tanto, jamás se sentiría realmente merecedor del amor total y el perdón, y jamás sería libre para salir de su drama personal.

Jordan accedió valientemente a explorar su pasado con la intención de limpiar todo lo que había quedado inacabado. Le pedí que cerrara los ojos y buscara en su interior el incidente que no había superado. Jordan recordó la época en que tenía dieciocho años y trabajaba como camarero en un restaurante de moda en San Francisco. Trabajó por temporadas en ese restaurante durante cinco o seis años, tomándose un tiempo libre cuando necesitaba centrar su atención más en su educación y regresando cuando necesitaba el dinero. El dueño del restaurante, un hombre mayor llamado Ted, siempre era generoso con Jordan, permitiéndole ir y venir a su gusto. Jordan me confesó que él y otras personas que trabajaban en el restaurante habían ideado una manera de robar dinero dejando de introducir los cheques de los clientes en la caja registradora. En ocasiones, él y sus compañeros de trabajo también se llevaban comida y bebidas del restaurante. Jordan, que en aquella época no tenía ni un céntimo, racionalizaba sus actos, diciéndose que, puesto que Ted era un dentista rico que vivía en la cima de la colina y era dueño de otros dos restaurantes, jamás echaría en falta el dinero. Además, utilizaba la justificación de que todas las otras personas que trabajaban ahí estaban haciendo lo mismo. Pero ahora, al examinar ese incidente, Jordan se dio cuenta de que realmente se sentía fatal por haber tratado tan mal a alguien que había sido tan generoso y abierto con él.

Cuando pregunté a Jordan qué necesitaba hacer para enmendar en su interior lo que había hecho, me dijo que el propietario del restaurante probablemente ya estaría muerto y que no sabía qué hacer para compensarlo. Pero cuando Jordan llamó al ex encargado del restaurante, descubrió que Ted seguía vivo y todavía vivía en la zona de la bahía. Entonces reunió el valor necesario, cogió el teléfono y llamó a Ted. Ted, que ya tenía ochenta y tantos años, se emocionó al oír la voz de Jordan. Siempre le había tenido cariño y tenía un lugar especial para él en su corazón. Después de hablar de cosas intrascendentes durante unos minutos, Jordan le contó a Ted que durante los años que había trabajado en el restaurante le había llegado a robar aproximadamente unos tres mil dólares y que lo estaba llamando para enmendar eso. En uno de los momentos más intensamente conmovedores de su vida, Jordan, con lágrimas en los ojos y con un corazón abierto, le dijo a Ted que quería enviarle un cheque para devolverle lo que le debía.

Ted rompió a llorar después de oír la confesión de Jordan. Éste se sorprendió al enterarse de que los restaurantes de Ted habían quebrado y que él había perdido todo su dinero y su gran casa. Le contó a Jordan que había tenido que luchar muchísimo y que justamente acababa de pedir un préstamo para pagar sus deudas pero que se lo habían denegado debido a que estaba en bancarrota. Le [illegible]n que, aunque quince años atrás esos tres mil dólares [illegible]presentaban mucho para él, ahora era exactamente la cantidad que necesitaba para evitar que le quitaran su apartamento. Mientras Jordan escribía el cheque, sintió que ése era el dinero mejor gastado de toda su vida. Se sintió limpio por dentro y enormemente agradecido de poder devolvérselo a la persona a la que se lo había quitado. Ya no tenía que ocultar los delitos de su pasado. Por primera vez, sintió que podía mirarse al espejo y sentirse bien con lo que veía. Supo que su balanza interna estaba equilibrada y tuvo una nueva sensación de valía personal y respeto por sí mismo.

* * *

Cori, que participó uno de mis programas de *coaching*, siempre ha tenido dificultades económicas, y le contó al grupo que no tenía ni idea de por qué no era capaz de hacer dinero en su vida, o de conservarlo. El tema central de la historia de Cori era que debía tener cuidado porque, de lo contrario, los demás se aprovecharían de ella. Puesto que sabía que debía de haber algún desequilibrio kármico que le impedía alcanzar sus metas, le pedí que hiciera una lista de todos los ámbitos de su vida en los que no tenía integridad económica, y que buscara en su consciencia cualquier incidente de su pasado que pudiera estar impidiéndole recibir la abundancia que deseaba.

Lo primero que apareció en su lista de cosas en las que no tenía integridad fue un incidente que había ocurrido cuando ella tenía doce años. Cori y una amiga habían entrado en unos grandes almacenes y habían robado un montón de cosas del tipo que gustan a las niñas: bañadores, bolsos, maquillaje y accesorios. Luego fueron a casa de su amiga, dejaron las cosas sobre la cama y empezaron a contar su botín. Aunque en ese momento Cori se sintió emocionada porque se había salido con la suya, unos catorce años más tarde ese incidente apareció como una inmensa fuente de vergüenza.

Decidida a recuperar su integridad y a aprender a quererse a un nivel más profundo, Cori sabía que tenía que enmendar los errores de su pasado. La primera tarea de su lista era llamar a la tienda de Macy's en la que había robado y reconocer que lo había hecho. Después de hablar con varias personas distintas, finalmente le pasaron con el director general. Cuando éste se puso al teléfono, lo primero que le dijo a Cori fue: «¿Está usted participando en un programa de los Doce Pasos?». Cori respondió: «No, en realidad estoy en un programa de *coaching* y mi tarea esta semana es limpiar mi pasado y restaurar cualquier problema en mi interior en el que no hubiera integridad». Cori contó su historia al director y al final le preguntó: «¿Qué puedo hacer para enmendar mis actos?». Él se quedó en silencio unos minutos y luego dijo: «Jovencita, estoy muy impresionado con usted. En los veinticuatro años que llevo en este negocio, nunca nadie me ha llamado para reconocer algo así. Creo que lo mejor que puede hacer es donar dinero a la organización caritativa de su preferencia. Muchas gracias por llamar». Luego añadió: «A propósito, realmente me ha alegrado el día». Cori colgó el teléfono sintiéndose alegre, eufórica y más poderosa. Se sintió libre de las cadenas de su pasado, como si le hubieran quitado un peso interior. Ya no tenía que ocultar ese incidente. Su balanza interna estaba equilibrándose y Cori había transformado esa pequeña cantidad de oscuridad en una luz brillante.

Sintiéndose poderosa y estimulada por su libertad recién hallada, Cori cogió el teléfono para ocuparse del segundo punto de integridad en su lista. Cuando tenía dieciocho años, teniendo la misión de recaudar dinero para un viaje a Europa, Cori había hecho una reclamación fraudulenta contra una compañía aérea, diciendo que le habían robado las maletas, cuando en realidad eso no había ocurrido. Había rellenado los formularios necesarios y, semanas más tarde, había recibido un cheque por dos mil quinientos dólares por correo. Cori estaba preocupada por cómo iba a sanar este problema de integridad, porque no tenía el dinero para pagar la deuda, pero de todos modos llamó valientemente a la aerolínea. Tras varias llamadas, llegó hasta una ejecutiva de la compañía, que la recibió cálidamente y con interés. Cori le contó lo que había hecho y preguntó a la mujer qué podía hacer para enmendarlo. Con un agradable y tranquilizador acento sureño, la agente replicó: «Bueno, ciertamente, podrías escribir una carta dirigida a Recursos Humanos y contarles lo que hiciste». Y luego añadió: «Cariño, a ojos de Dios, ya estás perdonada».

Cori escribió la carta, pero después sintió que todavía había más cosas que hacer para devolver el equilibrio a su balanza interna. Entonces decidió reunir ropa vieja y maletas de todos sus amigos y donarlo todo a un asilo para mujeres de su localidad. Al contarme esta historia, se dio cuenta de que no le había bastado con decir que lo sentía; tuvo que devolver más de lo que se había llevado. Se dio cuenta de que ocultar sus faltas sólo hacía que se sintiera mal consigo misma y de que se castigaba con un odio constante hacia sí misma y un diálogo interno crítico. Además, Cori vio la correlación entre sus problemas de integridad no sanados y el hecho de que tuviera dificultades para ganar dinero o para conservarlo. Por añadidura, comprendió por qué su único viaje a Europa había sido un desastre. El hecho de limpiar esos incidentes de su pasado le permitió ver que no tenía que cuidarse de otras personas, sino que tenía que cuidarse de sí misma. Cori se dio cuenta de que si vivía la vida siendo fiel a sí misma y honraba su integridad, se sentiría suficientemente merecedora como para ganar dinero y conservarlo.

Cuando equilibramos nuestra balanza interna y recuperamos nuestra integridad, ya no somos atraídos otra vez hacia los viejos sentimientos y pensamientos que habían estado ligados a esos acontecimientos. Una ligereza interior tiene lugar. Equilibrar nuestra balanza kármica nos vuelve a alinear con nuestro Yo Superior. Enmendar las cosas es un regalo que nos hacemos a nosotros mismos. Cuando hemos limpiado nuestro pasado y nos sentimos bien por haber equilibrado nuestra balanza interna, entonces podemos iniciar el asombroso proceso del perdón hacia uno mismo.

Enmienda las cosas para ti

El proceso del perdón exige que creemos nuevos comportamientos para sanar nuestras relaciones con nosotros mismos. Debemos mirar en nuestro interior, porque para cada uno de nosotros esos comportamientos serán distintos. Ahora es el momento de comprometernos a honrarnos ahí donde antes nos faltamos al respeto. Estas son algunas sugerencias para transformar nuestras relaciones con nosotros mismos.

- Decir la verdad, a nosotros mismos y a los demás.
- Tomarnos un tiempo para dedicarlo a las personas a las que queremos. Programar tiempo todos los días para dar un paseo caminando, para conectar y para compartir lo que es verdaderamente importante para nosotros.
- Meditar todos los días.
- Ofrecernos voluntarios para causas y organizaciones que nos inspiren a ayudar: niños con problemas de aprendizaje, programas de lectura en las escuelas, etc.
- Dejar de chismorrear.
- Cuidar de nuestro cuerpo físico con alimentos nutritivos, con el descanso adecuado, con ejercicio físico, aire fresco y recreación.
- Cuidar de nuestra mente y de nuestro cuerpo emocional pasando tiempo a solas: escribiendo en nuestro diario, leyendo, rezando.
- Respetar nuestras fronteras y escuchar a nuestro sentido interno de lo que nos hace sentir bien y lo que no.
- Conectar diariamente con lo Divino.

- Procesar las emociones dolorosas cuando aparezcan, para que puedan ser sanadas.
- Mantener nuestra cuenta bancaria equilibrada y saldar las deudas del pasado.
- Tomarnos un tiempo para reconocernos por lo que somos, por la dicha que damos a los demás y por las aportaciones que hemos hecho al mundo.
- Comer alimentos que nutran nuestros cuerpos y dejar de comer cuando tengamos el estómago lleno.
- Sentirnos agradecidos todos los días por lo que tenemos.

Hacer enmiendas nos libera de nuestro pasado y de nuestras historias. Nos garantiza una vida fuera de las limitaciones de nuestras historias. Nos da los mejores regalos de todos: respeto por nosotros mismos y amor hacia nosotros mismos. Cuando entramos por la puerta del perdón y empezamos a tratarnos y a tratar a los demás con amor y compasión, una nueva realidad emerge. Elegir el perdón significa hacernos la promesa de que no utilizaremos nuestro pasado para machacarnos y que practicaremos el cuidado extremo de nosotros mismos. Si podemos querernos a nosotros mismos cuando estamos locos, llenos de odio, celosos o tristes, entonces somos verdaderamente libres. Lo único que necesitamos para comenzar es estar dispuestos a perdonarnos completamente. Nadie puede hacernos perdonar. Solamente nosotros podemos hacerlo, y este es el momento.

Pasos de acción sanadores

1. Repasa tu vida y haz una lista de las personas a las que, de alguna manera, has hecho daño, faltado al respeto, traicionado o tratado mal. Permítete ver los rostros de las personas de tu pasado (antiguos jefes, ex parejas, personas con las que fuiste a la

escuela) y fíjate en los sentimientos que surgen cuando piensas en cada una de ellas. En una hoja de papel, escribe el nombre de la persona y una breve descripción de la acción o la no acción que cometiste en relación con ella que hizo que te sintieras mal contigo mismo. A continuación, respira lenta y profundamente unas cuantas veces, cierra los ojos y pregúntate: «¿Qué podría hacer para equilibrar totalmente la balanza con esta persona y recuperar mi propia sensación de integridad?».

2. Escribe todas las maneras en que te faltas al respeto a diario. Incluye cosas obvias y cosas no tan obvias. ¿Rompes los compromisos contigo mismo? ¿Tienes relaciones o comportamientos que sabes que no son buenos para ti? ¿No te permites decir lo que piensas cuando sientes el impulso de hacerlo? Quizás te ayude pensar en cada uno de los ámbitos clave de tu vida (cuerpo físico, relaciones, economía, hogar, ambiente) y preguntarte: «¿De qué manera me falto al respeto en este ámbito?».

3. Diseña un plan de acción para enmendar las faltas de respeto que has cometido contra ti y contra otras personas. ¿Qué actos debes realizar en el mundo exterior para equilibrar tu balanza kármica? ¿Qué necesitas hacer para perdonarte y regresar a un estado de amor hacia ti mismo? Asegúrate de que tu plan de acción sea específico, mensurable y objetivo. ¿Qué vas a hacer exactamente, y cuándo? Quizás te ayude encontrar a un amigo o amiga (alguien en quien confíes) a quien puedas ver y con quien puedas hablar, para que te apoye en este proceso.

Pensamiento

«La magia ocurre cuando
recupero mi integridad personal.»

8

Encuentra tu especialidad única

Oculta dentro de nuestra historia hay una especialidad única que es distinta a la de cualquier otra persona. Esa es la valiosa recompensa que obtenemos por todo lo que hemos vivido, nuestro regreso a la totalidad. Nuestra especialidad es nuestra receta única, la suma total de nuestras experiencias en la vida. Cada uno de nuestros traumas, cada una de nuestras heridas emocionales, así como nuestras alegrías y nuestros talentos, están aquí para enseñarnos y guiarnos hacia la expresión más elevada de nosotros mismos. En cuanto seamos capaces de reconocer la utilidad de nuestras historias y de extraer nuestra especialidad de los dramas que hemos vivido, sentiremos un respeto reverencial hacia el Universo y su Orquestación Divina. Veremos, quizás por primera vez, que todas las piezas de nuestras vidas han funcionado juntas para darnos una aportación que es inequívocamente nuestra. Entonces podremos encontrarle sentido a lo que no lo tiene. Seremos capaces de extraer la sabiduría de nuestros traumas y nuestro dolor. Comprenderemos por qué recibimos dones específicos que sólo nosotros tenemos. Con una nueva claridad, podremos ver cómo cada acontecimiento de nuestras vidas fue orquestado perfectamente para desplegar nuestras mayores posibilidades. Veremos la historia de nuestra vida bajo una nueva luz. Súbitamente, nuestros padres, nuestros problemas corporales, nuestros miedos, nuestras luchas, nuestras ganancias y nuestras pérdidas, nuestros talentos y nuestros triunfos tendrán sentido. Tendremos la certeza de que, si no hubiésemos vivido todo lo que vivimos, jamás hubiésemos podido descubrir la sabiduría de nuestro don Divino.

Reclama tu don

Descubrimos nuestra especialidad cuando observamos nuestras vidas –todas nuestras sombras, nuestra luz, nuestras conclusiones negativas y nuestras experiencias– y nos preguntamos: «¿Por qué habría de necesitar esa creencia o esa experiencia? ¿Cómo puede llevarme este acontecimiento a descubrir mi aportación única al mundo? ¿Qué puedo aportar ahora, habiendo pasado por todo eso? ¿Qué conocimientos e ideas poseo ahora que nunca habría desarrollado si no hubiese tenido esa experiencia?». Sabremos que verdaderamente hemos integrado nuestras historias cuando seamos capaces de ver y utilizar los dones que nos han aportado. Cuando hayamos extraído nuestra receta del drama de nuestras historias, estaremos en presencia de nuestra aportación única. Estaremos en posición de compartir nuestra sabiduría con el mundo y seremos guiados hacia el mejor vehículo para dicha expresión. Cuando extraemos nuestra especialidad, permitimos que el mundo se beneficie del libro de nuestras vidas. Para que esto ocurra debemos examinar nuestras vidas a través de un lente particular y preguntarnos: «Si hasta ahora mi vida me ha estado formando para que yo haga o sea algo en particular en el mundo, ¿qué sería eso?».

La mayoría de nosotros es incapaz de ver la especialidad que su historia le ha proporcionado. Hasta que estemos en paz con nuestro pasado y dejemos de culpar a los demás de nuestra situación en la vida, seguiremos estando ciegos a nuestros dones únicos. Pero en cuanto aceptemos tanto las partes luminosas como las partes oscura de nosotros mismos y asumamos la responsabilidad de quienes somos, nos abriremos a nuestros dones para compartirlos. Siempre pregunto a las personas que están estancadas en sus historias: «Si fueras a escribir un libro, ¿qué título le pondrías?». Estos son algunos de los títulos premiados que nuestras historias nos han capacitado para escribir:

- *Cómo utilizar tu vida para sufrir.*
- *Cómo atormentarte en 28 días.*
- *Cómo experimentar plenamente tu diálogo interno negativo.*
- *Cómo manifestar que no vales lo suficiente en todos los ámbitos de tu vida.*
- *Cómo demostrarte y demostrar a los demás que no es posible quererte.*
- *Cómo alejar a las personas para saber que eres una persona rechazada y no deseada.*

Aunque cualquiera de estos libros puede ser considerado una buena lectura, creo que la mayoría de nosotros preferiría un título que expresara a nuestro Yo más elevado. Cada experiencia en nuestras vidas nos ha proporcionado conocimientos y sabiduría. Cada cosa que nos ha ocurrido fue diseñada Divinamente para ayudarnos a hacer nuestra aportación única al mundo.

Cuál es la aportación de tu historia

Este es el momento de contemplar tu historia de una manera completamente nueva y de descubrir la aportación que contiene. Estos son un par de ejemplos: si tu madre te abandonó en tu niñez y tus dos ex esposas te dejaron, tu especialidad podría ser «Cuando las mujeres se marchan: cómo conservar tu poder estando solo». Si tu drama está lleno de la necesidad de que los hombres cuiden de ti porque tienes la creencia-sombra de que no puedes cuidar de ti misma, tu especialidad podría ser: «Enseñar a las mujeres a prosperar por sí solas». Si tu tío abusó de ti o si te violaron durante una cita cuando estudiabas en la universidad, tu especialidad podía ser: «Enseñar a las adolescentes a protegerse y a establecer buenas fronteras». Si has batallado con las adicciones durante toda tu vida y has fracasado, podrías compartir esta especialidad: «Mostrar a los niños las profundidades y los traumas de las adicciones».

Para descubrir tu especialidad, debes comprometerte a utilizar *todo* aquello por lo que has pasado para aportar cosas a la vida de otra persona. No es necesario que seas un profesor universitario ni un escritor para aportar tu especialidad al mundo. Enseñas a través del ejemplo aquello que tienes para aportar. Puedes transmitírselo a tus hijos o compartirlo con tu mejor amigo durante una excursión. Podrías transmitir tu sabiduría mientras charlas con tus compañeros en el trabajo o en la fiesta de cumpleaños de tu sobrino de doce años. Cada uno de nosotros tiene oportunidades para hacer contribuciones todo el tiempo. Podría ser en el funeral de un familiar o cuando una vieja amiga de la secundaria se pone en contacto con nosotros por Internet. No es necesario que sepamos cuándo o dónde tendremos la oportunidad de entregar nuestro regalo al mundo; simplemente debemos aceptar que, sin duda, tenemos ese don. Cuando estemos en presencia del regalo especial que tenemos, experimentaremos una profunda paz con nuestras historias y estaremos preparados para el salto gigantesco que daremos para salir de nuestros dramas personales y entrar en nuestra expresión Divina.

Supera tu historia

En algún momento de mi vida, tuve claro que mi historia no me estaba llevando a ninguna parte. Me enfrenté a una elección: podía continuar estando dentro de ella, seguir haciendo lo que había estado haciendo hasta ese momento, esperando que las cosas mejorasen y esforzándome por encontrar un poco más de alegría o de felicidad, o podía renunciar a la seguridad y la comodidad de lo conocido y embarcarme en una aventura que me llevaría más allá de mi historia. En lo más profundo de mi alma, yo sabía que tenía un llamado más elevado. Ansiaba la espontaneidad de lo desconocido. Estaba harta de la previsibilidad de mi propia vida. Sentía que todo estaba agotado dentro de mi historia. Mi drama ya no me ofrecía sorpresas ni alegrías. Siempre sabía lo que iba a ir bien, lo que iba a ir mal, qué metas podía alcanzar y qué mantendría ligeramente fuera de mi alcance. Finalmente, llegó el día en que toqué fondo y ya no estuve dispuesta a vivir dentro de las limitaciones que yo misma había creado. Ese día empecé a rezar para tener el valor para dejar de conocerme, porque el Yo que conocía hacía que me sintiera desconectada y vacía por dentro. Recé para que mi Yo más elevado se revelara. No era que me importara el Yo que había conocido, pero era una saga aburrida, y vivir cada día era como ver una película que ya había visto demasiadas veces. En cierto modo, tuve suerte de tener tanto tumulto interior, porque eso aceleró mi deseo de trascender mi historia.

Mientras estaba pasando por mi divorcio, vi claramente que era el momento de trascender otra de mis historias, que, una vez más, era el momento de hundirse o nadar. Acababa de dar a luz a mi primer hijo e inconscientemente había entrado en el drama de la maternidad, con todas sus alegrías, sus triunfos, sus preocupaciones y sus miedos. ¡Esa sí que era una historia! Me preocupaba sobre cómo podría vivir, cómo podría sobrevivir estando sola y cómo podría permitirme crear una vida para mí y para mi hijo.

Un día, mientras estaba sintiéndome absolutamente agobiada por las limitaciones de mi pasado, mi hermana me hizo una pregunta muy profunda: «¿Qué necesitarías hacer para ser absolutamente feliz, aportar algo al mundo, cuidar de tu hijo y crear la vida de tus sueños?». Mientras pensaba en esa pregunta, vi claramente que era el momento de dejar de ser una estudiante y entrar en el papel de ser una maestra. Era el momento de compartir la sabiduría que había pasado años recogiendo. El único talento que conocía era que podía encontrar el regalo o la bendición que había en cualquier experiencia negativa. El dolor me había enseñado a ser una maestra reinterpretando las experiencias de mi vida y usándolas para transformar mi realidad del presente. El dolor y los traumas de mi pasado me habían dado una especialidad única: llevar luz a la oscuridad y encontrar los regalos que hay en todos los acontecimientos de la vida. Mientras evaluaba mis habilidades y mis capacidades, vi que mi posesión más valiosa provenía de una fuente inesperada: el dolor y las luchas de mi propio pasado.

De pie ante esta encrucijada, vi que podía utilizar las experiencias de mi vida para aportar algo a los demás o dejar que mi pasado y todas sus limitaciones continuaran utilizándome. Tenía que decidir qué camino tomaría, y esa decisión debía estar respaldada con la acción. Sabía que mi finalidad era llevar luz a la oscuridad, llevar sanación ahí donde antes había habido dolor. Cuando medité sobre cómo realizar esta misión, el mensaje que recibí fue claro: tenía que escribir. Me comprometí a escribir todos los días.

El proceso de escribir todos los días, tanto si me apetecía hacerlo como si no, me ayudó a vivir fuera de mi historia. Aunque mi compromiso era sólido, sabía que iba a necesitar una estructura de apoyo si quería continuar viviendo la expresión más elevada de mí misma. Tenía que asumir una postura y hacer una declaración en voz alta: «Esta soy yo». Le dije a todas las personas a las que veía que estaba escribiendo sobre la aceptación de la sombra. No sólo se lo dije a mis amigos y a mi familia, sino que lo hice público, hablando de mi nuevo Yo a editores, agentes y maestros espirituales. Tuve que prepararme para que hubiera consecuencias inmediatas si volvía a regresar a mi historia. Durante este período de descubrimiento de mi Yo más elevado, atraje a un nuevo grupo de amigos y colegas que jamás habían oído mi drama de «Pobre de mí». Solamente conocían la historia de la persona que yo quería ser. Mientras realizaba este cambio en mi interior, descubrí que el mundo respondía a mí de una manera distinta.

Escribir un libro era algo que siempre había querido hacer, pero era algo que siempre había estado fuera de las fronteras de mi historia. Pero ahora ese era, claramente, mi siguiente paso. Vi claramente que sólo tenía dos opciones. Podía continuar viajando por mi camino repetitivo que no me llevaba a ninguna parte, recogiendo más historias de guerra, más cicatrices y más resignación, o podía hacer una nueva elección, tomar un camino distinto y llegar a un lugar en el que nunca antes había estado. Sabía que para realizar mi objetivo tendría que estar presente con mi malestar y mi miedo a lo desconocido, en lugar de retirarme a la falsa seguridad del terreno conocido. Elegí conscientemente dejar de escuchar a mi Caja de Sombras, que gritaba: «Nunca acabas lo que empiezas. No eres lo bastante inteligente para escribir un libro y, de todos modos, nadie escuchará lo que tienes que decir». En lugar de eso, elegí cosas que estaban fuera del ámbito de lo que hubiera hecho anteriormente. Día a día, hacía cosas que eran coherentes con la persona que deseaba ser, en lugar de con la persona que había sido.

Cuando llevaba unos meses eligiendo conscientemente vivir fuera de mi historia, podía darme cuenta de inmediato si había vuelto a caer en ella. Podía sentir cómo ese estado de resignación conocido venía hacia mí como una nube oscura, trayendo con ella todos los viejos sentimientos de inseguridad, incertidumbre y miedo. Sabía que había vuelto a entrar en las limitaciones de mi drama cuando empezaba a escuchar una vez más a esa parte de mí pequeña, asustada, que me rogaba que dejara de luchar por cualquier cosa que no fuera la vida que yo conocía. Me suplicaba que no hiciera grandes cosas y que me mantuviera en un lugar seguro. Cuando volvía a entrar en mi historia me sentía insignificante, aburrida y perezosa. Para salir de mi historia de un salto debía detenerme, cerrar los ojos y reconocer para mí: «Ah, aquí estoy otra vez, dentro de mi historia». Al estar fuera de mi historia me sentía fuerte y audaz, ilimitada e indestructible. Pero sentía que salir de mi pasado y dejar atrás la historia que conocía tan bien era como dar un salto gigantesco desde un precipicio. Me parecía que la distancia que podía caer iba a ser mortal. Dentro de mi vieja historia ya me sentía una fracasada, de manera que si intentaba algo y no funcionaba, nadie lo iba a notar. Pero ahora había puesto el listón muy alto. Había renunciado a mis coartadas. Si no fracasaba en mi intento de escribir un libro, si no me mostraba como la persona que yo decía que quería ser, caería en la desesperanza y la resignación de una vida no realizada. Ese pensamiento era tan intolerable que me impulsó a seguir saliendo fuera, corriendo riesgos y avanzando con una intensa concentración que nunca antes había conocido. Lo que descubrí fue que cuanto más escribía sobre mis experiencias en la vida para poder ayudar a los demás, más distancia tenía de mi historia. Vivir fiel a mi finalidad me permitía mantenerme fuera de mi historia.

* * *

A la larga, aportar nuestro don único y utilizar nuestra especialidad será nuestra salvación. Porque cuando utilizamos todo lo que sabemos, todo lo que hemos sido y todo lo que somos, estamos alineados con la inmensidad del Universo y con la expresión más elevada de nuestra alma. Nuestra atención y energía ya no estarán puestas en nosotros y en nuestro drama. Esto fue, ciertamente, lo que le ocurrió a mi amiga Karen. Ella se había criado en una familia en la que se sentía maltratada verbalmente y no se sentía querida por sus padres. Karen no puede recordar ningún momento en el que no oyera una voz en su cabeza que le dijera que no estaba a la altura y que estaba llena de defectos. Cuando empezó a asistir a la escuela primaria, Karen comenzó a utilizar la comida para enmascarar su dolor, para reprimir sus sentimientos de no estar a la altura y para obtener una seguridad que nunca había sentido en casa. Cuando llegó a la edad de diez años, Karen ya tenía un sobrepeso evidente, y continuó teniéndolo durante la mayor parte de su vida adulta. Ciertamente, ser obesa hacía que sus sentimientos de no estar a la altura aumentaran todavía más. Puesto que se sentía gorda, indigna y estúpida, Karen decidió ser invisible y rara vez decía lo que pensaba. En lugar de eso, continuó maltratándose con la comida, llenándose en un intento de silenciar los duros pensamientos y los sentimientos dolorosos que siempre estaban gritando para llamar su atención. En cierta medida, Karen se sentía entumecida emocionalmente y desconectada de cualquier sentimiento de pasión en su vida. El mensaje de su historia, el cual representaba una y otra vez, era que ella era gorda y que no valía nada, y que su existencia no le importaba a nadie.

Entonces, un día, tras la boda de su hija mayor, Karen y su familia se reunieron alegremente para ver el video de la boda. Cuando Karen se vio en el video por primera vez, se quedó horrorizada ante lo que vio. Los sentimientos de falta de valía que se había esforzado tanto por suprimir subieron a toda velocidad a la superficie. Realmente vio el reflejo de su historia-sombra a todo color en la pantalla de la televisión. Mientras años de dolor no procesado caían sobre ella, Karen cerró los ojos y se mantuvo cerca, recordando todos los incidentes de su pasado que le habían hecho sentir que no estaba a la altura, que estaba llena de defectos y que no merecía amor. Más tarde, cuando hablamos, la animé a que escribiera en su diario todos los días como una forma de sanación y de liberarse de la carga de dolor que llevaba tanto tiempo sobre sus espaldas. Junto con su práctica diaria de escribir en su diario, Karen empezó a meditar, a rezar y a mantener el silencio suficiente para oír lo que estaba ocurriendo en su interior.

Varias semanas más tarde, cuando Karen volvió a ver la cinta de video, se quedó asombrada ante lo que vio. En esta ocasión, su exceso de peso no le pareció una fuente de vergüenza y de culpa, sino una armadura que la protegía del mundo y amortiguaba su odio hacia sí misma. Tras haber aceptado el regalo de protección que esa armadura le había ofrecido durante años, ahora Karen estaba dispuesta a abrirla y salir fuera de la seguridad de su historia de desaprobación de sí misma. El aferrarse a su exceso de peso le permitía ocultar la verdad sobre sí misma: que se merece todo el amor que el mundo le pueda dar. Sus imperfecciones físicas y su peso han sido su campo de batalla durante mucho tiempo y ahora se ha comprometido a salir del camino conocido de maltrato de sí misma y a entrar en el mundo de lo desconocido.

La vida de Karen cambió dramáticamente cuando identificó la historia de su vida. Aunque antes era anestesista, ahora trabaja como asesora para la vida y ayuda a otras mujeres a dejar de entumecerse y de maltratarse con la comida. Les enseña a sanar las emociones que subyacen a sus problemas de peso. Las asesora para que dejen de ocultarse y encuentren el valor para expresar su auténtica belleza. Transmite a otras mujeres los regalos que ella se hizo a sí misma: aceptación de una misma, seguridad y la confianza para ser vista. Cuando salen a la superficie sentimientos de falta de valía, como suele ocurrir de vez en cuando, Karen los aprecia y los acepta. Sobre todo aprecia su grasa, porque fue la fuerza impulsora del descubrimiento de su aportación única y de su decisión de compartir su especialidad con el mundo. Estando fuera de su historia, Karen honra su cuerpo como a un templo y elige las cosas que contribuyen a su bienestar.

* * *

Dar el paso de salir de nuestras historias es como tener un pie en dos mundos. Cuando contemplamos el camino de nuestras historias, sabemos con certeza adónde nos llevará. Aunque es posible que no nos guste ese destino, al menos nos sentimos seguros y cómodos porque sabemos qué podemos esperar. Pero elegir el camino desconocido y una vida fuera de nuestras historias exige que confiemos en que el Universo nos mostrará el camino y nos proporcionará lo que necesitamos.

Cuando conocí a Lyndi, hace unos años, tenía treinta y pico años y trabajaba como agente de seguros. Su madre y su padre, ambos alcohólicos, se divorciaron cuando ella era una niña y rara vez estaban ahí para cuidar de ella o de su hermano pequeño. Como resultado de ello, Lyndi tuvo que arreglárselas sola. Aunque empezó a trabajar a los catorce años, apenas ganaba suficiente dinero para cubrir el coste de su ropa y su material escolar. La historia que desarrolló a partir de la infancia de Lyndi es que la vida es una lucha y que nunca hay nadie para ayudarla, así que tiene que cuidar de sí misma. Exteriormente, Lyndi parecía ser una persona segura de sí misma y competente, que proyectaba la imagen de tenerlo todo bajo control. Pero Lyndi tenía un gran secreto: por la noche, después de haber pasado el día vendiendo seguros en su oficina, subía a su coche y se dirigía al centro de la ciudad, donde trabajaba como bailarina en un bar de *topless* como una manera de satisfacer su aparentemente infinita ansia de dinero. Lyndi deseaba desesperadamente tener una vida más espiritual, pero se había acostumbrado al dinero que ganaba como bailarina y no sabía cómo podía arreglárselas económicamente sin él. A la larga, el hecho de que estuviera explotando su cuerpo por dinero tuvo un efecto demasiado grande sobre su autoestima y llegó el día en que, simplemente, Lyndi ya no pudo seguir haciéndolo.

Comprometida a salir de la vida que conocía, Lyndi decidió tomar el dinero que había ahorrado de lo que había ganado bailando y utilizarlo para hacer un viaje a la India. Realmente esperaba que ocurriera algo importante y dramático mientras estaba allí que la lanzara fuera de su historia, hacia su esencia espiritual. Pero en lugar de eso tuvo dos experiencias sutiles pero profundas que acabaron cambiando su destino y le dieron el valor para salir de su historia.

Mientras asistía a un seminario espiritual en Goa, Lyndi se encontró con un hombre que vendía unas exquisitas imágenes de la

India. Ella deseaba desesperadamente tener esos hermosos recuerdos para llevárselos a casa y enseñárselos a sus amigos y a su familia y como recuerdo de su hermoso peregrinaje espiritual. Pero cuando se enteró del precio de las fotografías supo que no podía pagarlas. Una vocecita le dijo que esperase hasta el final del seminario, que probablemente ese hombre vendería las fotos que le quedaran a un precio inferior, pero Lyndi no confió en ese conocimiento interior y temió que si no actuaba inmediatamente no quedaría ninguna para ella. De modo que rebuscó en su bolsillo, compró las fotografías y se las llevó a su habitación. En el último día del seminario, mientras todos los vendedores estaban recogiendo sus cosas para marcharse, Lyndi comprobó que había tenido razón: ahí estaba el hombre, vendiendo las mismas fotos que ella había comprado, por una tercera parte del precio que ella había pagado. Mientras se alejaba, Lyndi sintió una conocida punzada de arrepentimiento.

Lyndi también se había ido de viaje con la esperanza de encontrar una colcha igual que otra que su padre había tenido. Pasó días entrando y saliendo de pequeñas tiendas, con la esperanza de encontrar lo que estaba buscando. Cuando su viaje llegó a su fin, Lyndi pensó que estaba buscando algo que sencillamente no existía, de modo que, contra su buen juicio, compró lo más parecido que pudo encontrar. Entonces, en el aeropuerto de Delhi, mientras esperaba para subir a su avión, entró en una pequeña tienda y en la parte de atrás vio exactamente la colcha que había deseado comprar para su padre. Desafortunadamente, llegado ese momento, las maletas de Lyndi estaban llenas y sus bolsillos estaban vacíos. Ella se quedó asombrada y sorprendida al darse cuenta de que, si hubiese confiado en el Universo y en su conocimiento interior, hubiera recibido todo lo que quería sin ningún esfuerzo.

En lugar de ser capaz de disfrutar de la alegría de la Divinidad del Universo, Lyndi se encontró cara a cara a las sofocantes limitaciones de su historia, que le decían que no podía confiar en que el Universo se hiciera cargo de sus necesidades. Mientras me contaba esta historia, surgió una verdad más profunda: Lyndi descubrió su creencia-sombra central, que decía «No puedo confiar en que alguien se ocupe de mis necesidades». Cuando las cosas se ponían difíciles, Lyndi siempre cruzaba la línea de su integridad interior e intentaba hacer que ocurriera algo, convencida de que nunca podría satisfacer sus necesidades de ninguna otra manera. Lyndi tenía numerosos ejemplos que le mostraban que si simplemente se soltaba, si se quitaba de en medio y renunciaba a su historia, el Universo le daría exactamente lo que ella necesitaba. Se hizo evidente que su historia y todo su drama le habían proporcionado una sabiduría específica y un don muy claro: la especialidad de Lyndi es enseñar a los demás a confiar en el Universo, a entregar sus voluntades y a escuchar a su conocimiento interior. Actualmente es instructora de meditación y profesora de yoga, y suele decir a sus alumnos: «Escuchad a vuestro corazón y dad ese salto de fe». Ahora que vive fuera de su historia, Lyndi tiene un nuevo mantra: «El Universo me da todo lo que necesito». Ella se siente afortunada al saber que Dios le habla a través de su propio conocimiento interior.

Extraer tu especialidad: el proceso

Para poder hallar tu especialidad, debes identificar e integrar los incidentes importantes (tanto positivos como negativos) que han hecho que te conviertas en la persona que eres actualmente. Este proceso exige que hagas varias cosas:

1. *Haz una lista de las experiencias más importantes de tu vida, incluyendo los traumas, las victorias, los amores, las pérdidas, los éxitos y las humillaciones.* Estos son los ingredientes particulares de tu receta, los cuales, una vez integrados, te darán todo lo que necesitas para encontrar tu especialidad y para hacer tu aportación única.

2. *Busca el tema común o los temas comunes que comparten esos acontecimientos.* Podría ser que la pérdida fuera el tema que impregna la historia de tu vida. O quizás descubras que tu tema es que tu familia te ha dejado de lado, que tus compañeros te han rechazado o que te han ignorado en el trabajo. El tema que tu pasado revele podría ser que nunca vales lo suficiente –para conseguir ese papel en la obra, para entrar en la escuela adecuada o para encontrar una pareja leal.
3. *Pregúntate: «Si yo tuviese que dar una clase universitaria basándome en los incidentes de mi pasado, ¿cuál sería el nombre del curso?».* Debes buscar aquello para lo que tus experiencias de vida te han capacitado, de una forma única, para enseñar o aportar. ¿Qué sabes y entiendes sobre la vida que la mayoría de la gente no sabe o no entiende? ¿Qué has aprendido de todas tus experiencias de vida que podría beneficiar a otra persona?

Mi hermana Arielle es un gran ejemplo de alguien que utiliza su historia y todo su contenido para tener poder y aportar algo al mundo. Ella ha dominado el arte y la técnica de hacer que ocurran cosas. Le pedí que me contara algunos de los acontecimientos e incidentes de su pasado que la ayudaron a encontrar y desarrollar su especialidad única. Cuando miró en su interior, hubo tres acontecimientos que sobresalieron en su mente. El primero ocurrió un día cuando Arielle tenía cuatro años y estaba asistiendo al templo con nuestra familia. Mientras entraban en el templo, ella oyó a Sy Mann, que en esa época era el presidente del templo, decir a otro adulto que la gente hablaba demasiado durante el oficio religioso. Mientras tenía lugar el oficio religioso, en un impulso repentino, Arielle se puso de pie y empezó a caminar arriba y abajo por los pasillos del templo con su bonito vestido rosa y sus zapatos negros de charol, gritando con todas sus fuerzas: «¡Sy Mann dice que os calléis!». De repente, todo el mundo la estaba mirando, riendo ante el candor de esa niñita de cuatro años. Arielle recuerda que se sintió avergonzada y horrorizada y que decidió que nunca más quería volver a ser vista. Pasó los siguientes veinte años de su vida esforzándose por ser invisible y no ser el centro de atención.

El segundo acontecimiento tuvo lugar cuando Arielle tenía siete años y estaba fascinada con la fantasía, los cuentos de hadas y la magia. Yo era su hermana pequeña y recuerdo que había reuniones en casa y que la gente en la escuela me llamaba la hermana de la bruja porque Arielle llevaba el pelo negro largo hasta la cintura, siempre se vestía de negro y le gustaba explorar otras realidades. Había algo en Arielle que la hacía diferente; yo lo sabía y todos los que la conocían podían verlo. Una de las experiencias que ella jamás olvidará tuvo lugar cuando Arielle tenía siete años. Despertó en medio de la noche y vio a nuestro abuelo Lou sentado al pie de su cama. «He venido a despedirme y a decirte que siempre estaré aquí contigo», le dijo. Entonces la imagen desapareció. En ese preciso instante, Arielle oyó que sonaba el teléfono, vio que se encendían las luces en casa y oyó a nuestra madre llorar de dolor. Unos minutos más tarde, nuestro padre entró en la habitación de Arielle y dijo: «He venido para decirte que tu abuelo Lou ha muerto». «Ya lo sé, papi. Él ya me lo dijo», respondió ella. En ese momento, Arielle supo que en la vida había más de lo que uno puede ver.

El tercer acontecimiento ocurrió en su primer día de universidad. Cuando Arielle fue a inscribirse en la especialidad de producción televisiva, se encontró con el decano de su facultad, quien le hizo saber rápidamente que no habría ningún futuro para las mujeres en la televisión. Le dijo que le iría mucho mejor en la facultad de periodismo. Como resultado de haber hecho caso del consejo del decano, Arielle aprendió los entresijos del periodismo mientras que, al mismo tiempo, mejoraba sus habilidades como escritora. Cuando Arielle acabó los estudios, decidió que la profesión en la que podía utilizar mejor sus habilidades y talentos no era el periodismo, sino las relaciones públicas.

En los siguientes diez años, Arielle promocionó con éxito eventos para artistas, actores y empresas, pero seguía sintiéndose insatisfecha y descontenta. Entonces, un día, al despertar se dio cuenta de que debía incluir su profunda vida espiritual en su trabajo. Todo el trabajo que había estado haciendo había estado preparándola para practicar su muy específica y única especialidad y, de ese modo, hacer una aportación que fuera verdaderamente importante para ella. En la actualidad es una de las personas más poderosas e influyentes en el mundo espiritual. No sólo promociona a los líderes espirituales más importantes de nuestra época, sino que además es una agente que ayuda a hacer llegar mensajes importantes al mundo y es autora de la serie *Chocolate caliente para el alma.*

Al contemplar esos tres acontecimientos significativos en la vida de Arielle, vemos que aparecen dos temas muy claros. El primero es que no era seguro para ella ser el centro de atención. El mensaje sutil que Arielle recibió tanto del incidente del templo como del hecho de que le dijeran que no siguiera una carrera en la televisión era que no debía osar hablar en público, sino que debía mantenerse en un segundo plano. El otro tema es su profunda conexión con el mundo espiritual. Cuando Arielle vio lo que sus experiencias en la vida la habían capacitado para aportar, se dio cuenta de que tenía las habilidades, los conocimientos y el poder para transmitir al mundo mensajes importantes. En lugar de sentirse desanimada y victimizada por los acontecimientos de su vida (cosa que podría haber hecho fácilmente), decidió utilizar su pasado, su dolor y sus dones para marcar una diferencia en el mundo.

* * *

Cada uno de nosotros tiene esa capacidad, por muy trágico, molesto o satisfactorio que sea nuestro pasado. Debemos examinar nuestras vidas y desenterrar nuestra aportación y nuestros dones. Hemos aprendido cosas y hemos vivido cosas que otras personas nunca han experimentado. Nuestra experiencia es lo que nos convierte en especialistas. Y el mundo necesita eso que nosotros podemos ofrecer. Esto se aplica al caso de Johanna, que pasó años de su vida inmersa en una historia sobre lo horrible que era como persona. Cuando la conocí, estaba llena de angustia y vergüenza por el hecho de haber nacido y crecido en Alemania y de formar parte de una cultura que había cometido unas atrocidades horribles contra millones de judíos. Johanna luchaba contra una depresión, una rabia y un miedo que eran tan profundos que ella apenas podía soportar el dolor. Esta historia consumía todos sus pensamientos. Yo sabía que para que Johanna pudiera sanar y salir de su historia, debía encontrar el regalo que su dolor contenía.

Pedí a Johanna que me contara cómo era nacer en Alemania quince años después de la guerra. Ella me dijo que los primeros años de su vida habían sido tranquilos y felices, entre las colinas ondulantes y la cultura pintoresca en su pequeño pueblo. Pero cuando tenía ocho o nueve años, Johanna empezó a oír las historias que sus padres y sus abuelos contaban sobre la guerra. Aprendió de ellos lo que se sentía al tener bombas cayendo a tu alrededor y al tener que pasar la noche oculto en el sótano para mayor seguridad. Johanna imaginó el terror de no saber si las madres y los padres volverían a ver a sus hijos. Mientras sus familiares hablaban de sus recuerdos dolorosos, ella se sentía horrorizada al oír hablar del miedo, el sufrimiento y el hambre que llenaban esa época oscura de la historia de Alemania.

Cuando estaba en octavo grado, Johanna vio un documental sobre la guerra en la escuela. Esa fue la primera vez que realmente vio o comprendió el impacto de la masacre que había tenido lugar en su país. Las lágrimas brotaron de sus ojos y una profunda vergüenza la inundaba mientras se daba cuenta de que era ciudadana de un país que había cometido unos actos horriblemente violentos contra el pueblo judío. Súbitamente, un pensamiento todavía peor surgió en su interior: «Si la gente de mi país pudo masacrar a diez millones de personas a sangre fría, ¿en qué me convierte eso? ¿Podría yo ser capaz de cometer los mismos crímenes horribles que fueron cometidos por mi propio pueblo?». En ese momento, Johanna experimentó la profunda vergüenza de su herencia y la puso sobre sus hombros.

Entonces pedí a Johanna que diera el siguiente paso e hiciera una lista de los acontecimientos importantes de su pasado que todavía eran una carga pesada para su corazón. ¿Cuáles eran los incidentes y los acontecimientos de su pasado que todavía hacían que sintiera pena, rabia o vergüenza? ¿Y qué significado les daba ella respecto a sí misma? Esta es la lista que hizo:

- Cuando era una niña me dijeron que la gente de Alemania no había pensado por sí misma, sino que había seguido a Hitler a expensas de millones de vidas. Yo decidí que jamás formaría parte de ninguna organización, pues temía perder mi capacidad de pensar por mí misma.
- En muchas ocasiones, a lo largo de mi vida, la gente me ha dicho: «Eres tan buena. No eres en absoluto como esos nazis». Decidí que si era franca y poderosa la gente pensaría que era una alemana furiosa, así que aplasté mi poder y mis cualidades de liderazgo e intenté ser siempre amable y recatada.
- Tras mudarme a los Estados Unidos y experimentar de primera mano la animosidad que algunos norteamericanos sienten hacia los alemanes, me distancié de mis amigos alemanes y me pasé doce años sin hablar con ninguno de ellos.
- Cuando visité Francia, mi compañera de viaje me advirtió: «Los franceses odian a los alemanes, así que diles que eres suiza o austríaca». Decidí que no estaba bien ser la persona que era y empecé a adoptar diferentes personalidades en un intento de encajar.
- Cuando era joven, mi madre me dijo que ella solía jugar con algunos niños judíos que vivían en la misma calle que ella.

Me dijo que cuando estalló la guerra, un día, simplemente desaparecieron. Me quedé horrorizada. El conocimiento de ese incidente hizo que me sintiera incómoda cuando estaba con personas judías.

- Cuando llegué a vivir a los Estados Unidos, fui a una fiesta que daba mi jefe, que resultó ser judío. Como juego, durante la fiesta, pusieron el nombre de una persona famosa en la espalda de todos los que iban llegando. Luego cada invitado tenía que interrogar a los demás para descubrir qué nombre tenía en la espalda. Puesto que yo era sumamente consciente de mi herencia, recé para que no hubieran puesto el nombre de un nazi en mi espalda, pero, para mi horror, el nombre que me habían dado era Adolf Hitler.
- Cuando era joven, entré en un café en nuestro pequeño pueblo en Alemania. Un amigo de mi abuelo estaba sentado a la mesa, alardeando sobre su lealtad al partido nazi, diciendo: «¡Todavía me pongo mi camisa marrón!». Me sentí mal por la vergüenza y la humillación, y horrorizada de ser uno de ellos.
- Después de haber visto el documental sobre la guerra, intenté acabar con cualquier cosa que hubiera en mi interior que pudiera ser vista como oscura o malvada. Me esforzaba por no hacerle nunca nada malo a nadie, con la esperanza de que eso pudiera garantizarme que nada malo me iba a ocurrir. Me volví rígida y controladora, y como resultado de ello rara vez experimentaba alegría.
- Habiendo visto la destrucción que genera la ira, jamás me permitía enfadarme o siquiera mantener fronteras sanas. Creía que tenía que ser amable con todo el mundo, incluso si ellos me maltrataban.

Era evidente que los acontecimientos de la vida de Johanna le habían proporcionado una receta muy específica. El siguiente paso para ella fue encontrar sus regalos. Le pedí que hiciera una lista de todo lo que tenía y sabía en la actualidad como resultado de haberse criado en Alemania. Esta es la lista de los conocimientos y las habilidades que Johanna ahora posee y que no tendría si no hubiera experimentado lo que experimentó:

- Crecer en Alemania después de la guerra me proporcionó un amor y una pasión por la historia. Me convertí en una lectora ávida, intentando aprender todo lo que podía sobre el Holocausto.
- Me empecé a interesar muchísimo en la autoayuda y en el potencial humano. Recurrí a la psicología en un intento de comprender cómo un loco pudo llevar a todo un país a cometer unos crímenes impensables.
- Dado que yo odiaba mi herencia, era muy buena haciendo amigos y aprendiendo cosas sobre otras culturas.
- Siempre tuve un gran interés en el esfuerzo humano. Pasé la mayor parte de mis años de adolescencia protestando contra la violencia y apoyando los desenlaces pacíficos.
- Puesto que me horrorizaba la violencia perpetrada contra los judíos, me prometí desde muy pequeña que mi vida estaría dedicada al amor, el servicio y la sanación.
- Desarrollé un gran interés en el judaísmo y estudié la Cábala.
- Me siento impulsada a buscar lo que las personas tienen en común en lugar de aquello que las separa.
- Soy buena encontrando maneras de resolver conflictos pacíficamente, tanto entre mi ex marido y yo, como entre mis hijos. Puesto que no quiero que nadie se sienta herido, hago todo lo posible por crear soluciones en las que todos salen ganando.
- He aprendido a adaptarme a todo y puedo explicar cosas de maneras muy diferentes a un grupo de personas divergentes.

- Aprendí que mientras guardara silencio acerca del dolor de mi pasado, jamás podría sanar mis problemas y avanzar.
- Estoy comprometida a llevar resolución a los antepasados de las víctimas, así como a los que cometieron el Holocausto. Estoy en una posición única para ayudar a superar este tema a nivel mundial.

Johanna fue capaz de ver los numerosos regalos de las experiencias dolorosas que había vivido. Sin embargo, todavía no estaba segura de cómo utilizar su especialidad para ayudar a los demás. Entonces, el año pasado, Johanna conoció a Rosemary, que es muy activa en la comunidad judía, y las dos se hicieron muy amigas. Un día, empezaron a hablar de las heridas que todavía existen entre alemanes y judíos. Johanna le habló a Rosemary del dolor que sentía por ser alemana, un dolor que ha llevado consigo durante toda su vida. Le dijo a Rosemary que muchos de sus amigos alemanes todavía vivían en la vergüenza de la atrocidad ocurrida hace más de cuarenta años. Rosemary se sintió conmovida por la sinceridad de Johanna y le contó que la mayoría de judíos que ella conocía jamás habían pensado siquiera en cómo esa atrocidad había afectado a los alemanes que no participaron en esos crímenes. Después de oír el punto de vista de Johanna, Rosemary pudo ver que ese incidente había provocado víctimas alemanas, además de las judías.

Entonces a Johanna y a Rosemary se les ocurrió la idea brillante de hacer un documental sobre los efectos que el Holocausto había tenido en las generaciones posteriores de judíos y de alemanes. Rosemary se puso en contacto con un cineasta especializado en documentales, que había sido premiado, el cual estuvo de acuerdo en producir la película. Todos los que oyen hablar del proyecto se emocionan profundamente y se muestran muy entusiasmados, pues en sus corazones sienten lo importante que es este mensaje para sanar el dolor del mundo.

Ahora que Johanna está trabajando para una finalidad superior, ya no siente vergüenza de su herencia o de cualquiera de los incidentes de su pasado. Por primera vez, comprende verdaderamente la finalidad más profunda del dolor y la agitación interior que sufrió durante todos esos años. De hecho, aprecia su dolor, porque le dio la sabiduría que necesitaba para marcar una diferencia en el mundo. Johanna lloró mientras me contaba que durante toda su vida se había estado preguntando «¿Para qué estoy aquí?», y ahora lo sabe. Formar parte de algo más grande que ella le ha dado a Johanna la paz que siempre había anhelado. Ahora cuida más de sí misma (cuida desde lo que come hasta lo que se dice), porque sabe que es la portadora de un valioso regalo cuya finalidad es llevar la sanación al mundo.

El trabajo de Johanna dio sus frutos. Ella ha encontrado la especialidad que estaba oculta dentro de la dolorosa historia de su vida. Su nuevo compromiso es ser una catalizadora para la sanación entre los alemanes y los judíos. Johanna me contó hace poco tiempo que de no haber sido por su voluntad de trabajar su vergüenza y procesar los grumos en su masa, jamás habría tenido el valor necesario para iniciar siquiera una conversación con una persona judía.

* * *

A menudo, nuestras especialidades surgen a partir de nuestro dolor. Son algunos de los regalos únicos que tenemos para aportar. No hay ninguna especialidad que sea la correcta, y no hay dos que sean iguales. Nuestra especialidad es lo que nos permite utilizar nuestras historias en lugar de que nuestras historias nos utilicen. Es nuestra forma única de hacer una aportación al mundo, de saber que influimos y que nuestros problemas y aflicciones no han sido en vano. El proceso de encontrar nuestra especialidad hace que reinterpretemos los acontecimientos de nuestra vida, que asignemos nuevos significados que nos elevarán y nos impulsarán a salir de las limitaciones de nuestras historias. Todos tenemos elección. Podemos elegir convertir la receta que nos dieron en una obra maestra que tenga una finalidad, que alimente nuestras almas y nutra a las personas de nuestro entorno. O podemos permitir que nuestras preciadas recetas se queden sin cocinar. Descubrir tu especialidad única es el paso más importante que puedes dar para transformar tu vida y vivir fuera de tu historia. Utilizar tu especialidad te permitirá sentirte fuerte, poderoso y orgulloso de ti mismo y de tu vida.

Pasos de acción sanadores

1. Identifica diez incidentes (tanto positivos como negativos) que hayan afectado a tu vida de una forma significativa. Reflexiona sobre cada uno de ellos, preguntándote:
   - ¿Qué cualidades y habilidades poseo debido a esa experiencia?
   - ¿Cómo puedo utilizar ese incidente para ayudarme a mí mismo y ayudar a los demás?
   - Si mi vida me estuviera formando para que yo me ocupara de alguna necesidad concreta en el mundo, ¿qué necesidad sería esa?

2. Imagina que te piden que des un curso en la universidad basado en la culminación de tus experiencias en la vida. ¿Qué nombre tendría ese curso?

Pensamiento

«Tengo una especialidad que es distinta
a la de cualquier otra persona en el mundo.
Puedo aportar mi especialidad
sin peligro.»

9

Vivir fuera de tu historia

Vivir dentro de nuestras historias nos garantiza una vida llena de miedo y necesidad. El miedo nos dice que tengamos cuidado, que nos ocultemos y que no llamemos la atención para no estar expuestos. La necesidad nos impulsa a no respetar nuestras almas, a intentar aferrarnos a cualquier cosa que haga que tengamos mejor aspecto o nos sintamos mejor. Cuando estamos necesitados, cuando nos aferramos a las cosas, cuando nos juzgamos o juzgamos a los demás, podemos estar seguros de que nos encontramos dentro de nuestras historias. Fuera de nuestras historias, no estamos necesitados. Solamente existe la creencia y el conocimiento interior de que todo está como debería estar. Si escuchamos nuestro diálogo interno y estamos en contacto con nosotros mismos a menudo, podremos distinguir en cualquier momento si estamos dentro o fuera de nuestras historias.

Fuera de los confines de nuestros dramas personales, nuestro diálogo interno refleja las posibilidades ilimitadas que están a nuestro alcance en todo momento. Fuera de nuestras historias estamos llenos de sentimientos que reflejan a nuestro Yo más elevado, en lugar de reflejar nuestros pensamientos más bajos. Estamos llenos de un conocimiento interior que dice: «Confío en que el Universo me llevará adondequiera que se supone que debo ir. Amo la vida.

Todo se está desarrollando en un orden Divino. Tengo suficiente. Soy suficiente. Soy afortunado. Puedo hacerlo. Creo en mí. ¡Bien por mí! ¿Cómo puedo ayudarte?». Fuera de nuestras historias, disfrutamos de la emoción, de la dicha, de la abundancia, de estar abiertos, del entusiasmo, de la alegría, de la confianza, de la gratitud, del asombro, del conocimiento interior, de la seguridad en nosotros mismos, de la apreciación, del respeto, del amor incondicional y de una energía ilimitada.

Salir

Todos tenemos días en los que nuestros diálogos internos están más de acuerdo con nuestros dramas personales que con nuestra grandeza. Para poder salir de nuestras historias, primero debemos ser capaces de reconocer que estamos dentro de ellas. Tenemos que ser capaces de decir: «Esta es mi historia. Estas son mis creencias-sombra. Esta es mi Caja de Sombras, que se pasa el día gritándome cosas». Si cuando nos levantamos por la mañana lo primero que nos dice nuestra Caja de Sombras es «No vales nada. Nunca vas a conseguir lo que quieres», o «Tienes un aspecto horrible. ¿Por qué no comes mejor?». La mayoría de nosotros, en lugar de decir, «Ah, estoy dentro de mi historia...», simplemente entramos directamente en ella. Vamos a buscarla. Mordemos el anzuelo. Nos dejamos absorber. No sólo escuchamos esa voz, sino que además nos *convertimos* en esa voz; y en lugar de ver la película, nos convertimos en la estrella del espectáculo.

Hace poco, estuve con Ethan, un sanador holístico de treinta y nueve años, y me contó que se siente de una forma completamente distinta cuando está dentro de su historia en comparación con cuando está libre de las limitaciones de la misma. «No estoy a salvo en el mundo», es el tema de la historia de Ethan. Intrigada, quise oír más.

Como muchas personas, Ethan lleva muchos años transitando por el camino que conduce a la autosuperación. Comprometido en transformarse a sí mismo, buscaba por todas partes, aprendiendo una técnica tras otra, intentando sentir alguna seguridad interior y llegar a ser más de lo que había sido. Ethan sabía que había más dentro de él que aquello a lo que había podido acceder. Frustrado por su incapacidad de triunfar en su profesión y con una desesperada necesidad de sentirse seguro, Ethan se insensibilizaba con marihuana, con la esperanza de encontrar en ella la paz y la satisfacción que deseaba. Comprometido en acabar con las barreras que existían entre el Yo que él conocía y el Yo que soñaba ser, Ethan se apuntó a mi programa de *coaching.* Uno de los primeros ejercicios que le asigné fue identificar las historias que había alrededor de cada aspecto de su vida. Ethan empezó examinando su historia en torno a por qué fumaba marihuana. Su historia le dijo que fumar marihuana intensificaba su creatividad y aumentaba su seguridad en sí mismo, pero la verdad era que la marihuana lo alejaba de la vida que él deseaba. Su adicción lo separaba tanto de su dolor como de su pasión. Pedí a Ethan que identificara los sentimientos y los otros comportamientos que existían dentro de su historia.

Viviendo dentro de los confines de su historia, Ethan pasaba horas todos los días colocándose y fantaseando sobre cómo podría ser su vida. Soñaba despierto sobre los diferentes proyectos y fingía que su planificación infinita realmente estaba llevándolo a alguna parte. Ethan siempre estaba «preparándose» para pasar a la acción, pero jamás entraba en la arena de hacer que ocurriera, porque estaba demasiado asustado. Dentro de su historia, Ethan tenía miedo de hablar de sus sueños con la gente, pues sentía que hacerlo le quitaría el ímpetu y su capacidad de manifestarlos. Preocupado por ser aceptado, Ethan temía la desaprobación de los demás y pensaba que quizás no lo apoyarían en sus metas.

Dentro de su historia, Ethan sentía que era pequeño y que el mundo era inmenso. En un día dado, podía sentirse temeroso, ansioso, insensibilizado, enfadado, resignado, desesperanzado y victimizado. Dentro de su historia, Ethan sentía constantemente que no estaba a salvo, de modo que se ocultaba e intentaba pasar desapercibido.

Una mañana, después de otra noche de fantasía y engaño, Ethan se miró en el espejo del baño y vio a un hombre que se hacía viejo sin haber vivido sus sueños. Vio el rostro de un gran impostor, alguien que todavía fingía que estaba de camino hacia el éxito, cuando en realidad su historia no estaba yendo a ninguna parte. Después de haber pasado años trabajando en sí mismo, Ethan tomó la decisión de dejar la marihuana y de vivir fuera de su historia.

Ahora que está fuera de su historia, Ethan ha podido abrir su corazón y sentirse seguro exponiendo sus sentimientos a las personas de su entorno. Actualmente habla de sus planes de futuro con la gente incluso antes de saber cómo llevarlos a cabo, seguro de que será guiado hacia la acción correcta. Fuera de su historia, pasa mucho menos tiempo planeando y mucho más tiempo actuando. Le preocupa mucho menos ser aceptado y se permite probar cosas nuevas, tanto si sabe hacerlas como si no. Fuera de su historia, Ethan cuida de su salud, respeta su cuerpo y no fuma marihuana. Me contó que se siente lo suficientemente bien consigo mismo como para ser influyente, tanto si cae bien como si no.

Cuando no está impedido por las limitaciones de su trama personal, Ethan se siente conectado, optimista, creativo, seguro de sí mismo, apoyado y a salvo en el mundo. Fuera de su historia, se siente imperioso; la vida para él es una paleta de infinitas posibilidades para elegir. Se siente sincero y auténtico, poderoso y productivo. Y, sobre todo, siente que importa.

¿Estás dentro o fuera?

Uno de los pasos más importantes para salir de nuestras historias es ser capaces de reconocer cuándo estamos viviendo dentro de ellas. Suzanne era una participante en un taller reciente en el que habíamos estado hablando de las limitaciones de nuestras historias. Ella me contó que en el último día del proceso se había levantado temprano y se había sentado en la galería de su habitación del hotel, que daba a una hermosa bahía. Me dijo que la escena no podía haber sido más perfecta y que se sentía totalmente en paz. Sentada en un sillón cómodo cerca de la ventana, abrió la puerta corredera de vidrio para poder respirar un poco de aire de mar. Suzanne decidió que ese era el escenario perfecto para dedicar unos minutos a una meditación silenciosa. Cerró los ojos y empezó a respirar profundamente, pero unos segundos más tarde recordó un incidente humillante que había tenido con un hombre unos veinte años atrás. Se sintió horrorizada. Su momento de paz y tranquilidad había sido groseramente interrumpido por ese recuerdo, y al poco rato descubrió que se estaba sintiendo victimizada, humillada e impotente mientras revivía ese incidente una y otra vez en su mente. En un instante fue arrojada de vuelta al centro de su historia, que le decía que no valía lo suficiente para ser tratada con respeto. En lugar de dar un paso atrás y decirse «Ay, mira, estoy de vuelta en mi historia», empezó a escuchar a la misma Caja de Sombras a la que había escuchado miles de veces con anterioridad. Al poco rato, el estado de ánimo de paz y tranquilidad de Suzanne había sido sustituido por uno de enfado, opresión y odio hacia sí misma.

Justo en ese momento, un grupo de patos pasó caminando junto a la puerta corredera de cristal; pareció detenerse directamente delante de su habitación y dijo: «Cuac, cuac, cuac». Suzanne abrió los ojos incrédula. Era como un mensaje del universo que le decía que había vuelto a caer en su historia. Era como si los patos estuvieran reflejando el diálogo interno de Suzanne: «Buuu, buuu, pobre de mí. Cuac, cuac, cuac». No pudo evitar reír y decidió que utilizaría la frase «cuac, cuac, cuac» para llamar su atención cada vez que saliera fuera de la totalidad de su ser y volviera a regresar a su historia.

Conviértete en el observador

Para trascender nuestros traumas, debemos comprometernos a dejar de utilizar nuestras historias para machacarnos. Tenemos que estar dispuestos a dejar de dar rienda suelta a nuestros dramas, a dejar de darles poder con nuestra atención. Si alguna vez has practicado la meditación, probablemente habrás notado que tu mente es una corriente continua de pensamientos. Pero si estás comprometido con la práctica de la meditación, puedes elegir limitarte a observar tus pensamientos, en lugar de seguirlos adondequiera que te intenten llevar. Con la práctica, lo que descubres es que, en algún momento, tu mente se da cuenta de que no vas a morder el anzuelo y tirar la toalla. Se suelta, y tú simplemente estás ahí, observando su funcionamiento. Lo mismo se aplica a nuestras historias. Si no representamos nuestros dramas, podemos *elegir* alejarnos de ellos. Lo más importante que podemos hacer para liberarnos de nuestros dramas es reconocer que son historias, en lugar de volver a entrar en ellos, creyendo que son la verdad. En lugar de seguir ciegamente las instrucciones de nuestras Cajas de Sombras, podemos decir: «Ah, gracias por ese pensamiento, pero ahora mismo estoy eligiendo un pensamiento distinto». A la larga, nuestras historias dejarán de revivirse, porque sólo pueden existir cuando nosotros creemos que *somos* nuestras historias. Nuestras historias se alimentan de la atención que les prestamos.

Si no hay ningún diálogo entre nosotros y nuestras historias, ellas dejarán de tener control sobre nosotros. Simplemente elegimos no identificarnos con ellas. Lo hacemos declarando en voz alta: «Ah, otra vez con lo mismo. Estoy dentro de mi historia». Es como mirar la televisión. Podemos elegir alejarnos, aunque la televisión todavía siga sonando monótonamente. Las preguntas que debemos hacernos son: «¿Quiero sentir mi historia y entregarle mi fuerza vital? ¿Quiero darle poder con mi valiosa energía?». Si la respuesta es sí, entonces, sin duda, deberíamos sentarnos delante de nuestra historia y escucharla. Pero debemos hacerlo conscientemente. Tenemos todo el derecho del mundo de dar rienda suelta a nuestra historia de vez en cuando. Podríamos decirnos: «Es martes, son las dos de la tarde y no tengo nada mejor que hacer. Creo que me voy a sentar un rato y revivir mi drama personal». Entonces, al menos puedes ser responsable de lo que estás creando.

Estrategias para salir de tu historia

Disponemos de infinitas alternativas si elegimos trascender nuestras historias. Podríamos entrar en nuestra historia y tener un diálogo con ella; podríamos practicar la «escritura libre» y dejar que esa parte de nosotros se exprese. Podríamos decir: «Perdona. Sé que quieres algo, pero hoy tengo otras cosas que hacer». O podríamos elegir hablar con Dios. Hay un dicho: «Cuando estás pensando en Dios, no estás pensando en tus problemas». La vibración de nuestra historia y la vibración de nuestro Yo más profundo son totalmente opuestas. No podemos experimentar las dos al mismo tiempo.

Es importante que identifiquemos algunas estrategias para salir de nuestras historias cuando descubrimos que hemos vuelto a caer dentro de ellas. Estas son algunas estrategias que podemos utilizar para desmantelar nuestras historias y tener acceso a la vida que nos espera fuera de las limitaciones de nuestros dramas personales.

Pide a las personas que estuvieron implicadas en tus traumas emocionales que te den su versión de la historia. Aceptar un nuevo punto de vista nos permite saber inmediatamente que aquello que hemos identificado como nuestra historia es sólo una versión de la verdad. Mientras estaba escribiendo este libro, envié los primeros capítulos por correo electrónico a mi hermano mayor, Mike, asesor en juicios, para conocer su opinión. En su respuesta, me señaló lo que yo creo que es una distinción sumamente importante:

> Las historias de nuestras vidas son un 90 por ciento percepción y un 10 por ciento realidad. Cada persona que conocemos verá el mismo conjunto de hechos de una forma muy distinta. En mi trabajo como asesor de jurados, escucho todos los días a los abogados tomar el mismo grupo de hechos irrefutables y moldearlos para convertirlos en historias que sirven para beneficiar a sus clientes. Hay poca o ninguna búsqueda de la verdad; sólo hay una colección de argumentos que serán percibidos de maneras distintas por las diferentes personas. Desgraciadamente, en nuestras vidas personales, muchos elegimos ver nuestras vidas desde el punto de vista menos favorable para nosotros. Al hacer eso, nos convertimos en víctimas de alguien para culparlo de nuestra desgracia, en lugar de asumir la responsabilidad de la parte de nuestro destino que es el resultado de nuestras propias elecciones.

Más tarde, esa noche, Mike me volvió a llamar. «A propósito, Debbie», dijo, «tengo que decirte algo. Esa historia que escribiste sobre nuestra infancia, no es cierta». «¿Qué quieres decir con que no es cierta?», le pregunté. «¡Yo la viví!». «No, Debbie», dijo él, «Yo te quería. Yo siempre te quise. Era muy feliz de tener una hermanita pequeña». Conmocionada, le pedí a Mike que escribiera su versión de mi infancia, y esto fue lo que escribió:

> Esta es mi versión de la infancia de Debbie. Nacida en una típica familia nuclear, desde una edad muy temprana Debbie fue adorada por todos los que la conocían. En todos los recuerdos que tengo de la niñez de Debbie, ella estaba rodeada de amigos que disfrutaban de su compañía. Mamá llenó la infancia de Debbie de amor y atención, llevándola a clases de danza, de batuta, de natación, de arte y de teatro casi todos los días. Yo admiraba la habilidad de Debbie para empezar cada día con entusiasmo y energía. Nunca se dejaba intimidar por nadie y destacaba en todo lo que puedo recordar. Debbie era muy madura para su edad, y cuando tenía once años ya trabajaba como modelo y salía con chicos mayores que ella. Era como un imán: todos querían ser su amigo y estar donde ella estaba. No había nada que estuviera fuera del alcance de Debbie.

Me quedé pasmada. Estaba viendo una perspectiva que jamás había concebido. Aunque utilizo y acepto mi historia, me quedé anonadada al oír el punto de vista de Mike. Como puedes ver, pedir a amigos y a miembros de nuestra familia que nos cuenten su punto de vista sobre los dramas de nuestras vidas es una manera eficaz de desmantelar la perspectiva limitada que nosotros creíamos que era la verdad.

La transformación es un cambio en la percepción. Es ser capaces de ver algo con una nueva mirada. Nada funciona más rápido para proporcionarnos una nueva perspectiva que ver la visión limitada de la realidad, que nosotros creíamos que era la verdad, a través de otros ojos. Debemos entender que nuestra visión (lo que podemos ver en cualquier momento dado) está limitada por nuestras interpretaciones. El momento en el que asignamos significados a los acontecimientos de nuestras vidas fue el momento en que limitamos nuestra visión de la realidad. Pedir a otras personas que nos den su punto de vista puede reabrir el lente a través del cual nos vemos.

Rescribe tu historia como si fueras un eterno optimista que puede ver solamente el lado luminoso de su drama. Sobreenfatiza los puntos buenos de tu historia, así como los regalos que recibiste. ¿Qué aspecto tendría tu vida si fuera vista a través de los ojos de un ángel? Lo fundamental es que podemos tomarnos nuestras experiencias de vida colectivas como un mal recuerdo del que no podemos escapar, o podemos rescribirlas para que nos proporcionen una base valiosa a partir de la cual podemos construir un futuro satisfactorio. Podemos aprender de las lecciones de nuestro pasado y avanzar, o podemos permanecer en ellas y quedarnos estancados en el mismo lugar.

Aprende a reconocer claramente cuándo has vuelto a entrar en tu historia. Para hacerlo, haz una lista de diez pensamientos, sentimientos, hábitos y comportamientos que suelas tener cuando estás viviendo dentro de tu historia. A continuación, haz una lista de diez pensamientos, sentimientos, hábitos y comportamientos que tengas cuando estás viviendo fuera de tu historia. ¿A qué tienes acceso cuando sales de tu historia? Por último, haz una lista de diez maneras de elevar tu consciencia y volver a entrar en tu Yo más elevado una vez que has reconocido que has vuelto a entrar en tu historia. Le pedí a Helen, una participante en uno de mis programas de *coaching*, que nos mostrara sus listas:

Dentro de mi historia...

- Como demasiado.
- Bebo cerveza.
- Chismorreo.
- Me comparo con otras personas.
- No digo la verdad a los demás y permito que se creen resentimientos.
- Me niego a tener relaciones sexuales con mi marido.
- Cuento a los demás que soy una víctima de la vida.
- Me critico y me juzgo a mí misma por todo lo que hago.
- Culpo a mis hijos de mi falta de alegría.
- Me quedo tumbada, gimoteando y quejándome.

Fuera de mi historia...

- Me niego a chismorrear.
- Me relaciono con las personas como su mejor posibilidad.
- Practico yoga.
- Me expreso libremente.
- Comunico mis sentimientos y resuelvo mis enfados.
- Me siento agradecida por las cosas buenas que hay en mi vida.
- Bebo alcohol en contadas ocasiones, y sólo una copa cada vez.

- Estoy llena de energía y soy servicial.
- Establezco un tono de energía positiva para toda mi familia.
- Disfruto de la comida, pero no la utilizo como un escape para evitar sentir mis emociones.

Cosas que podría hacer para salir de mi historia

- Meditar: al menos durante quince minutos.
- Salir a caminar vigorosamente.
- Practicar la jardinería. Embellecer mi entorno.
- Tirarme al suelo para jugar con mis hijos.
- Leer un libro inspirador.
- Escribir en mi diario hasta llegar a una comprensión más profunda de las cosas.
- Llamar a alguien cuya opinión valore.
- Darle algo a alguien.
- Hacer yoga.
- Sentir gratitud por las cosas buenas que hay en mi vida.

Utiliza el siguiente test para que te ayude a mantenerte fuera de tu historia. Puedes saber, por cómo te sientes respecto a ti mismo y a los demás, por la claridad con que ves las cosas y por cómo estás interpretando los acontecimientos de tu vida, si estás viviendo dentro o fuera de tu drama personal.

Decide si cada una de las siguientes frases es verdadera o falsa:

- Siento que no están satisfaciendo mis necesidades.
- No tengo suficiente tiempo.
- No tengo suficiente dinero.
- Lo intento, pero no lo consigo.
- Otras personas son la causa de mis problemas.
- Me encuentro pensando: «Si al menos tuviera más...».

- Llevo más de dos semanas teniendo el mismo diálogo interno.
- Creo que yo no tengo una historia.
- Me estoy comportando de más de una manera que sé que hace que me sienta mal conmigo misma.
- Esta semana he llamado al menos a una persona para hacerla participar en mi fiesta de lástima por mí mismo.

Si respondiste «verdadero» a más de cuatro de estas frases, estás profundamente metido dentro de tu historia. No sigas adelante sin antes comprometerte a salir de tu historia. Es importante que nos vigilemos y que llevemos la percepción consciente a nuestra vida cotidiana. Es un día triste cuando despertamos una mañana y nos damos cuenta de que hemos estado dentro de nuestra historia durante las últimas dos semanas, los últimos dos meses o dos años. Si nos preguntamos a diario «¿Estoy dentro o fuera?», llevamos la luz de nuestra conciencia a lo que anteriormente había estado oculto en las sombras.

Si eres uno de esos empedernidos a los que les cuesta dejar ir al Yo limitado, te recomiendo que te coloques delante de un espejo y repitas tu historia de «Pobre de mí» para ti mismo, palabra a palabra, hasta que estés tan harto de ella que no puedas soportar repetirla ni una sola vez más. Sabrás que has tenido éxito con este ejercicio si sientes náuseas. No obstante, si todavía no estás curado, te recomiendo que vayas a una cafetería y cuentes tu historia a cinco desconocidos. Lo único que tienes que hacer es empezar a acercarte a las personas que están sentadas solas y decirles: «Tengo una historia estupenda. ¿Te gustaría oírla?». Tarde o temprano, encontrarás a alguien que estará encantado de aceptar. Entonces lánzate a tu cuento triste e intérnate realmente en él. Cuéntale por qué y cómo salieron las cosas como acabaron saliendo para ti. Muéstrale lo bien que combina un buen drama con un café con leche y una *baguette*. Si todavía te sientes apegado al drama de tu historia, vuelve a la cafetería y pide a cinco desconocidos que te cuenten sus historias. A esas alturas, deberías tener muy, muy claro que de lo que estamos hablando aquí es una historia, que es tan sólo una historia y nada más que una historia.

Si ninguno de los ejercicios anteriores ha funcionado, siempre puedes probar una buena y anticuada ceremonia de muerte. Imagina que ya has muerto y que una persona a la que quieres va a ponerse de pie en tu funeral para elogiar la vida que viviste dentro de tu historia. Escribe el elogio que esa persona va a ofrecer en tu funeral. Después de haberlo leído, pregúntate: «¿Es así como quiero ser recordado?». Le pedía a mi amiga Colleen que escribiera su elogio. Esto fue lo que escribió:

> Colleen era una chica muy brillante con un gran potencial. Aunque tuvo unos comienzos difíciles al principio de su vida, siguió avanzando constantemente, decidida a hacer algo de sí misma. Por alguna razón desconocida, siempre atraía los empleos erróneos, trabajaba para la gente equivocada y, ciertamente, nunca le pagaban lo que valía. Siempre había alguien que no le dejaba hacer brillar su luz. Si al menos la hubiesen dejado en paz. Si hubiese tenido otros padres o una mejor educación. Si hubiesen descubierto sus talentos. En lugar de eso, Colleen estaba siempre esperando que llegara el día en que estuviera preparada para dejar su huella en el mundo. Pero, hoy, aquí reunidos, podemos ver que Colleen nunca tuvo esa oportunidad. Unámonos en la oración y digamos: «¡Pobre Colleen!». Que ella y su historia descansen en paz.

Cuando hayas escrito el elogio de tu historia, léeselo a algunos amigos, haz una pequeña ceremonia, consigue unas flores y un poco de comida, y entiérralo.

* * *

En todo momento, debes estar dispuesto a salir de tu historia. Debes estar dispuesto a sacrificar a la persona que sabes que eres por el bien de la persona en la que te puedes convertir. Debes estar dispuesto a renunciar a la pequeñez de tu historia por la inmensidad de tu verdadera esencia. En cada momento, tienes una alternativa.

Pasos de acción sanadores

1. Para poder distinguir cuándo estás dentro y cuándo estás fuera de tu historia, haz una lista de lo siguiente:
   - Diez sentimientos que tienes cuando estás dentro de tu historia y diez sentimientos que tienes cuando estás fuera.
   - Diez pensamientos que tienes cuando estás dentro de tu historia y diez pensamientos que tienes cuando estás fuera.
   - Diez comportamientos que tienes cuando estás dentro de tu historia y diez comportamientos que tienes cuando estás fuera.
   - Diez cosas que puedes hacer para salir de tu historia cuando descubras que has vuelto a caer en ella.

2. Escribe una carta a tu historia, honrándola por todo lo que te ha enseñado y reconociendo que tu relación con ella va a cambiar cuando decidas vivir fuera de sus limitaciones.

3. Crea un ritual para despedirte de tu historia tal como la has conocido. Permite que deje de ser una manera de machacarte y de mantenerte pequeño, y dale la bienvenida como una fuente para realizar tu propósito en la vida.

Pensamiento

«Fuera de mi historia,
soy una aportación asombrosa
al mundo.»

10

El secreto de la sombra

Oculto en la sombra de nuestras historias, hay un gran secreto. Este secreto contiene la clave para desencadenar nuestra magnificencia. Nuestro secreto es el guardián de la alegría abundante, de las posibilidades ilimitadas y la dicha Divina. Imagina que eres el guardián de las joyas más raras y más valiosas de la Tierra. Como su guardián, harías lo que fuese para protegerlas. Como seres humanos, hacemos lo mismo. En lo más profundo de nosotros mismos, sabemos que somos seres espirituales, que somos sagrados, que somos Divinos.

Nuestra grandeza, nuestra magnificencia y nuestra luz son tan valiosas que ponemos una capa tras otra para proteger lo que debemos cuidar. Puesto que no nos sentimos seguros para exponer esa parte de nosotros, creamos dramas y caos continuamente para ocultar aquello que sabemos que debemos proteger. Todos nuestros dramas, todo nuestro dolor, todo nuestro descontento, está ocultando el secreto de nuestra luz. Cuando finalmente nos cansamos de nuestras historias, cuando ya no nos proporcionan ningún consuelo, estamos preparados para descubrir el valioso regalo que hay dentro de cada uno de nosotros. Cuando nos sintamos merecedores y sintamos que pueden confiar en que cuidaremos de nuestra luz, entonces nos sentiremos libres para liberar el poder más grande: el poder de nuestra verdadera naturaleza.

La experiencia humana

Tú y yo somos exploradores, y el terreno por el que estamos viajando es nuestra propia experiencia humana. Si hubiésemos elegido tener una experiencia espiritual, una experiencia Divina, o una experiencia celestial, no existiríamos en una forma humana. Pero ese no es el caso. Elegimos tener una experiencia humana. Y este viaje exige que aprendamos, que crezcamos, que comprendamos nuestra propia naturaleza. La experiencia humana nos llama a transitar por ese camino a través del drama de nuestras historias de vida, a través de las identidades falsas que hemos creído ser. Nos exige que naveguemos a través del reino de las emociones para que podamos comprender profundamente los mecanismos de lo que significa *ser humanos.*

Revelar nuestro secreto nos permite intimar con nuestro Yo más Divino, con nuestra esencia espiritual. Revelar nuestro secreto fusiona nuestra humanidad con nuestra Divinidad. Al transitar por ese camino a través de nuestras historias, comprendemos nuestra humanidad en el nivel más profundo, tenemos el valor de ir más allá de nuestras personas, de abandonar nuestras actuaciones, de salir de nuestras historias y quedarnos desnudos en presencia de nuestro Yo más verdadero. Sólo entonces nos sentiremos suficientemente seguros como para alzarnos en toda nuestra gloria y declarar: «Este soy yo».

Para poder permitir que nuestros secretos reinen, debemos asumir la postura de un guerrero en esta exploración de nuestras vidas. Debemos cavar, explorar y comprender el terreno de nuestra propia humanidad. Porque solamente cuando nos conocemos y nos comprendemos realmente, sólo cuando hemos transitado por el camino a través de nuestro pasado, podemos lanzar los brazos al aire con el gozo y el entusiasmo de un niño y declarar: «¡Soy sagrado! ¡Soy divino! Soy merecedor de todo lo que el Universo tiene para ofrecer». Únicamente cuando hemos realizado este importante trabajo interior podremos sentirnos lo suficientemente seguros como para revelar nuestro secreto para que todo el mundo lo conozca.

Con frecuencia, revelar nuestro secreto hace que nos sintamos vulnerables y expuestos, porque ya no sabemos quiénes somos. Dejar ir a nuestro Yo falso, la fachada que ha estado ocultando nuestra verdad más profunda y mostrar la esencia de nuestro ser puede resultar aterrador. Cuando, de niños, mostrábamos nuestros abundantes dones, a menudo nos avergonzaban, nos ignoraban o nos criticaban, de manera que, como adultos, hemos aprendido a ocultar esa parte de nuestro interior en la que nos sentimos más vulnerables.

Pero cuando mostremos nuestro secretos, veremos que nuestros dramas y nuestras justificaciones ya no nos protegen. Nuestros intelectos ya no nos sirven. El único camino que podemos tomar es el de rendirnos a la conexión entre nosotros y lo Divino. Hasta que nos sintamos merecedores, hasta que hayamos examinado nuestras historias para aprender las lecciones que tienen que impartir, hasta que nos perdonemos y perdonemos a los demás y hasta que aceptemos nuestra lucha humana, siempre pondremos algún tipo de obstáculo que nos impida experimentar nuestra Divinidad.

Hacer el trabajo que se ofrece en este libro te ha preparado para el viaje extraordinario de vivir tu vida más Divina. Ahora estás preparado para dar el salto de salir de tu historia e invitar a tu secreto, a tu luz sagrada, a que salga de su escondite. El proceso por el que has pasado para aceptar e integrar tu historia ha sentado las bases para que vivas la vida fuera de las limitaciones de tu drama personal. Si has realizado el trabajo que se describe en este libro, has identificado tu historia y has llegado a la profunda comprensión de que tienes una historia, pero no eres tu historia. Has descubierto que, oculta dentro de tu historia, hay una receta única y que al aceptar e integrar todos los aspectos de ti y de tu vida, encontrarás tu verdadero propósito. Cuando has comprendido que todo lo que te ha ocurrido te ha ayudado a obtener la sabiduría que necesitas para entregar tu don único al mundo, puedes sanar tus heridas emocionales y tus traumas del pasado. Entonces puedes iniciar el proceso de hacer las paces con tu historia examinando de qué manera te has faltado al respeto a ti mismo y a los demás, y comprometiéndote a equilibrar tu balanza kármica interior.

Al limpiar tu pasado, puedes experimentar el carácter sagrado del perdón, lo cual te abre las puertas a nuevos niveles de amor hacia ti mismo y al conocimiento de que te mereces lo mejor. Ya no sientes la necesidad de ocultar tu luz por miedo a que alguien te la quite. Anclado en el sentimiento de tu propia valía, ahora eres libre para utilizar toda la sabiduría que has recogido de tu historia para entregar tus regalos especiales al mundo. Puesto que has encontrado tu especialidad única y has comprendido lo profundamente valioso que eres, estás preparado para revelar el secreto que está oculto en la sombra de tu historia. Estás preparado para reconocer la verdad más profunda de quien tú eres. Con ese regalo en tus manos, puedes dar las gracias a tu historia y apreciar todo lo que te ha enseñado, sabiendo que fue el catalizador que te abrió a una comprensión más profunda de lo que significa ser tú. Tras haber realizado el trabajo, te sientes merecedor y preparado para bajar la guardia, para abandonar tus defensas y tu personalidad, y para dejar que tu secreto sea revelado.

Revela tu secreto

Revelar nuestros secretos hace que nos sintamos vulnerables, porque los hemos mantenido ocultos durante mucho tiempo. Pero únicamente cuando estemos dispuestos a estar en nuestra vulnerabilidad recibiremos el regalo de nuestra propia luz.

Sydney estaba sentada en el suelo de mi oficina, llorando. Entre sollozos, fue recordando los incidentes de su niñez que habían hecho que se sintiera indigna de ser querida, insignificante, decepcionada y dejada de lado. Hubo una ocasión en que su madre se olvidó de recogerla del campamento y Sydney fue la última niña que se quedó ahí después de que todos los monitores se hubieran ido a casa. Hubo una ocasión en la que la dejaron completamente sola el día de su cumpleaños. Una vez nadie fue a verla a su obra de teatro de la escuela y nadie le dijo lo mona que estaba con su disfraz negro de bruja y sus zapatillas de ballet a juego. Puesto que era la más pequeña de la familia, Sydney siempre había sentido que sus opiniones no importaban, y se esforzaba por llamar la atención de sus padres, los cuales la habían decepcionado en más ocasiones de las que podía contar. «¿Qué representó para ti el comportamiento de tus padres?», le pregunté. Sydney volvió a llorar y me respondió: «Que no les importo, que no significo nada para ellos, que no soy nada, que les doy igual». Esa era la historia de Sydney.

Aunque Sydney ahora es una adulta con una carrera exitosa como productora cinematográfica, en su interior sigue sintiéndose abrumada por los sentimientos de una niña de cinco años que le recuerdan que ella no le importa a nadie. A pesar de todo su éxito y sus logros, todavía ansía ser reconocida. En su carrera y en su vida personal, Sydney se esfuerza por ser generosa y cariñosa, con la esperanza de importarle lo suficiente a la gente de su entorno como para ser digna de su atención. Es seria y comprensiva, intenta escuchar a la gente y es generosa con su tiempo y su dinero. Sin embargo, lejos de la imagen que proyecta en el mundo exterior, cuando Sydney está acostada en su cama por la noche, todavía siente que su vida no le importa a nadie.

Cuando le pregunté cuál era el regalo de no importarle a nadie, al principio Sydney me miró como si yo estuviera loca. «No hay ningún regalo en sentir que una no le importa a nadie», dijo. «¿Qué te ha impulsado a hacer o en qué te ha impulsado a convertirte el hecho de sentir que no le importas a nadie?», le pregunté. Súbitamente, Sydney empezó a ver que toda su historia y cada uno se sus logros en la vida habían estado impulsados por la creencia-sombra central de que ella no importaba. Fue esa creencia la que proporcionó a Sydney su especialidad única (mostrar a los demás que ellos sí importaban) y la que la impulsó a crear cosas extraordinarias en el mundo. Sydney siempre se esfuerza por hacer películas que ella cree que realmente importarán al público. Sabe cómo reunir a las personas y hacer que se sientan importantes, inspirando así su mejor trabajo. Puesto que su vida le enseñó de primera mano lo que se siente al no importar, ahora sabe que ella sí importa. Sydney se dio cuenta de que todos esos incidentes dolorosos de su infancia le habían proporcionado un doctorado en no importar, que es exactamente lo que ha hecho que ella sea única en su profesión. Una vez que Sydney hubo procesado el dolor que rodeaba su creencia-sombra de que ella no importaba, pudo reconocer su especialidad única y la aportación que ésta hace al mundo.

Sydney pudo ver lo profundamente comprometida que había estado con su historia y cómo la había utilizado durante toda su vida para privarse de la dicha de sus logros. Ahora, tras haber descubierto su especialidad única, se sentía merecedora de su dicha y de sus dones. Entonces le sugerí que su historia no era más que una manera de ocultar el valiosísimo tesoro que ella tenía. Hice que Sydney cerrara los ojos y luego le pregunté: «¿Cuál es el secreto que tu historia ha estado ocultando?». Ella permaneció en silencio varios minutos, y entonces vi que una enorme sonrisa se dibujaba en su rostro mientras susurraba: «Yo importo muchísimo en el mundo. Realmente importo». Con claridad y fuerza, reconoció que sus palabras eran ciertas: que, sin duda, el trabajo que hacía estaba cambiando vidas. Tras haber mostrado su secreto, Sydney supo que no podría volver jamás a vivir dentro de la mentira de su historia. Estando en presencia de su valioso regalo, Sydney vio cómo su historia de «No le importo a nadie» se derrumbaba delante de sus ojos. Por primera vez en su vida y en su carrera, pudo sentir la dicha abundante que llega cuando uno sabe que importa profundamente y que tiene un efecto en el mundo.

Exponer tu secreto hace estallar toda tu historia. Es posible que sientas que revelar tu secreto y entregar tus regalos al mundo es una responsabilidad abrumadora. Pero esa es simplemente otra historia. Expresar tu luz no es una responsabilidad; es un honor sagrado. No hace falta nada más que ser quien realmente eres, ser tu Yo auténtico. No es necesario ningún esfuerzo, ninguna acción, ninguna lucha. Simplemente tienes que permitirte mostrarte, sin tu historia. Si nunca has dejado que brille tu luz, probablemente esto te dará miedo, porque como humanos nos gusta aferrarnos a aquello que conocemos. Estar en presencia de nuestra libertad y nuestra expansividad puede ser aterrador, y muchos de nosotros diremos inconscientemente: «Devuélveme mi historia, para que yo vuelva a saber quién soy».

Entra en la tormenta

Tenemos que aceptar nuestra vulnerabilidad para poder permitir que emerja nuestro secreto. Tenemos que dar pequeños pasos y aprender a confiar. Debemos aprender a rendirnos, no a lo que *nosotros* deseamos, sino a lo que el Universo nos está mostrando. Debemos confiar en que si nos lanzamos a aguas desconocidas seremos arrastrados hasta la costa. Imagina cómo sería estar en una playa y ver una enorme nube gris de tormenta que se aproxima a ti, unos ruidosos vientos racheados y unas enormes olas que golpean contra la costa. Animado, imaginas lo emocionante que sería navegar hacia el interior de la tormenta, sintiendo el poder de la naturaleza y el misterio de lo desconocido. Sin embargo, un minuto más tarde, te asustas y tus pensamientos se inclinan hacia la opción segura y predecible de encontrar un lugar donde permanecer ocultos hasta que pase la tormenta. Pero, ¿y si supieras que si navegaras hacia la tormenta, con el equipo adecuado, y tras atravesar la lluvia y los vientos, llegarías sano y salvo a una isla llena de estupendos tesoros y joyas centelleantes? ¿Harías ese viaje? ¿Confiarías en que las personas que hicieron ese viaje antes que tú podrían ofrecerte el apoyo y la orientación necesarios para que encuentres tu oro? Te pido que imagines este marco hipotético porque desenmascarar la mentira de tu historia y revelar el secreto de tu sombra puede parecer tan oscuro y aterrador como navegar hacia el interior de una turbulenta tormenta.

Esto se aplica a Laura, una mujer de cuarenta y seis años que lleva más de quince en un mal matrimonio, lleno de dolor, maltrato y aislamiento emocional. Todos los que conocen a Laura están demasiado familiarizados con su historia: su matrimonio está matando su espíritu y su marido no le da el amor y la atención que ella merece. Laura descubrió una creencia-sombra que mantenía unida su historia, la cual hacía eco de las palabras que su padre le había dicho cuando ella sólo tenía doce años: *Nunca serás nadie sin un hombre.* Ella había estado viviendo esa historia durante los últimos quince años de su vida, como si fuera un personaje en una obra de teatro. Cuando le pregunté qué secreto ocultaba esa historia, me dijo con una sonrisa: «Que soy una mujer poderosa e independiente que sería más feliz viviendo sola». Por un momento, Laura se sintió orgullosa y fuerte, y hubo un intenso brillo en sus ojos. Pero pocos minutos después, empezó a minimizar el poder de las palabras que acababa de pronunciar y volvió a deslizarse hacia su historia conocida. Al final, Laura estaba demasiado asustada como para soltar el drama que conocía tan bien y optó por mantener su secreto oculto detrás del velo de su historia.

Como suele ocurrir, saboteamos nuestros sueños en un intento de encajar en los confines de nuestras historias. Esta es una elección que cada uno de nosotros tiene que hacer. Debemos preguntarnos: «¿Estoy dispuesto a pasar por algunas molestias para poder experimentar la magnificencia de mi luz, o prefiero permanecer en la comodidad de lo que ya conozco?». Nosotros somos los únicos que podemos decirnos si es seguro estar en el mundo sin la comodidad de nuestras historias. Somos los únicos que podemos hacer que sea seguro mostrar nuestros valiosos dones.

Descubre tu verdadera esencia

Nuestras historias son la huella de nuestra existencia. Son la marca única que dejamos en este mundo. Cuando conocí a Matt, él tenía treinta y dos años, estaba asistiendo a su seminario de autoayuda número veintisiete y tenía una baja autoestima y sentimientos de falta de valía. Medía un metro ochenta y tres de altura y tenía un cabello rubio y largo que caía sobre su rostro. Mi primer pensamiento sobre Matt fue: *¿Qué está ocultando?* Con mi mano, le aparté el pelo de la cara y le pregunté qué podía hacer por él. Inmediatamente, empezó a hablarme de su pasado. Se crió sin un padre en un pequeño pueblo y siempre había sentido que él no era normal porque no tenía una «verdadera» familia. Nunca había tenido mucho dinero y aprendió muy pronto en la vida a arreglárselas sin él. Cuando Matt tenía siete años, su madre inició una relación, lo cual hizo que ya no le prestara tanta atención. Matt me dijo que fue entonces cuando empezaron sus problemas de verdad. Durante una hora, me contó que había tenido problemas con la ley y que a los catorce años ya estaba viviendo en la calle, prostituyéndose para sobrevivir. Cuando finalmente tuvo que enfrentarse a una hepatitis que ponía en peligro su vida, Matt decidió que más le valía empezar a comportarse de una forma responsable. Se puso a trabajar y comenzó a ahorrar dinero, decidido a hacer algo con su vida.

A los veintitantos años, Matt entró en el negocio inmobiliario, y acabó yéndole lo suficientemente bien como para comprar unas casas pequeñas, remodelarlas y venderlas sacando un beneficio. A los veinticinco años ya tenía más de cien propiedades y a los veintiocho años ya había entrado en el mundo de los peces gordos. Con un millón de dólares en el banco, empezó a realizar proyectos más grandes, y cuando tenía treinta y dos años había alcanzado todas sus metas económicas. Pero aún así, seguía sufriendo. La ilusión de que tener más dinero o propiedades le daría la felicidad había desaparecido y ahora estaba delante de mí preguntándose qué debía hacer a continuación. A pesar de su éxito, veía que aún tenía comportamientos autodestructivos, que iba a lugares a los que no quería ir y que no encontraba satisfacción en sus relaciones personales. Aunque había tenido éxito en el mundo material, en su interior Matt sentía que había algo que iba mal. Se sentía perdido y se preguntaba a dónde debía ir y qué debía hacer para hallar la paz que estaba buscando.

Cuando Matt hubo acabado de contarme su historia, tomé su mano, lo miré a los ojos y le dije que lo primero que debía hacer era cortarse el pelo. Era obvio que no quería que nadie lo viera realmente. Su cabello le ayudaba a ocultar el secreto que se encontraba debajo de su historia, de que en lo más profundo de él había algo malo. Pregunté a Matt cuándo iba a dejar de tomar cursos y a empezar a impartirlos. Él ladeó la cabeza, frunció el ceño y me miró como si yo estuviera loca. Ese fue el final de nuestro primer encuentro.

Durante los dos años siguientes, asesoré a Matt cada cierto tiempo. Me quedé impresionada por lo brillante, sensible e intuitivo que era. Parecía tener un amor ilimitado por toda la humanidad, excepto por sí mismo. Se torturaba constantemente con su ruidoso diálogo interno, el cual gritaba: «No vales nada, no eres normal y tu vida no tiene ningún efecto en nada». Matt empezaba casi todas nuestras sesiones contándome todas las cosas horribles que le pasaban. Me dijo que haber vivido en la calle siendo tan joven hacía que se sintiera sucio. Había visto y hecho demasiadas cosas, lo cual hacía que pensara que era inmoral, que estaba estropeado y que no valía nada. Matt siempre centraba su atención en lo que no funcionaba en él, en lugar de hacerlo en lo que sí lo hacía. Poco a poco, pude ayudarle a ir quitando todas las capas de historias que ocultaban su verdadera esencia.

Para mí, era evidente que Matt era un hombre profundamente espiritual, con un gran regalo que ofrecer al mundo. Cuando pensé que finalmente estaba preparado para ver eso sobre sí mismo, le pregunté: «¿Cuál es el secreto que oculta tu historia?». Matt me miró confundido: «Ni siquiera podría conocerme sin mi historia», respondió. Percibí que él tenía miedo de profundizar más en ello, así que le hablé del secreto que la historia de los primeros años de mi vida había estado ocultando. Le dije que cuando era joven y me dedicaba al negocio de la ropa, solía frecuentar a un grupo de personas marchosas cuyo mantra era «Sexo, drogas y *rock 'n' roll*». Quería que la gente pensara que era dura y que lo sabía todo. Lo único que yo mostraba al mundo exterior era mi deseo de tener dinero y una buena posición social. Pasé años intentando ocultar mi sensibilidad y mi anhelo de algo más. Simplemente me parecía que no era guay. Cuando finalmente ya había usado demasiado mi historia, tuve la sensación de que encontraría la paz en una vida espiritual. Mientras crecía, descubrí un profundo deseo de conocer a Dios. Al principio me sentía incómoda y avergonzada, porque ser una mujer de Dios, ciertamente no encajaba con mi imagen. No quería que la gente supiera que me ponía de rodillas para rezar y que anhelaba ser un instrumento de lo Divino. Le conté a Matt que la historia de mi vida ocultaba el secreto de quién era yo realmente. Ocultaba la verdad: que soy una mujer de Dios y me encanta serlo.

Pude ver, por la expresión en la mirada de Matt, que comprendía lo que le estaba preguntando. Le pedí que respirara hondo y cerrara los ojos, y volví a hacerle la pregunta: «¿Qué secreto oculta tu historia?». Con los ojos todavía cerrados, Matt soltó lo siguiente: «El secreto de mi historia oculta que soy una expresión inocente y pura del espíritu». Luego abrió los ojos y los dos nos quedamos en silencio durante un largo rato, asombrados ante lo que acababa de ser revelado. Pude ver, por la claridad en sus ojos, que Matt acababa de conectar con su verdad Divina. Con lágrimas cayendo por sus mejillas, me dijo que, dentro de su historia, siempre se había visto como una persona despreciable, inmoral y estropeada: exactamente lo opuesto a lo que yo acababa de oírle decir. En presencia de su pureza, Matt fue capaz de ver que podía aportar su especialidad y devolver al mundo lo que había recibido enseñando lo que había aprendido. Antes de ese momento, Matt siempre había desechado su sabiduría y sus conocimientos, eligiendo ser un seguidor en lugar de un líder. Pero, en presencia de su luz, Matt fue capaz de ver su especialidad: enseñar a los adolescentes que están perdidos y solos cómo aportar sus dones especiales al mundo. Matt había descubierto algo muy real y muy sagrado. Había revelado el secreto que estaba oculto en la sombra de su historia.

Nosotros somos los únicos que podemos hacer que revelar nuestro secreto no suponga ningún peligro. Nadie puede protegernos del mundo exterior, excepto nosotros mismos. Nadie puede salvarnos, o prometernos que no seremos ridiculizados o que no fallaremos. Probablemente fallaremos, y podemos estar seguros de que habrá muchas personas que nos señalen con el dedo y proyecten su oscuridad en nosotros. Pero ¿qué alternativa tenemos realmente? ¿Queremos quedarnos en la pequeñez de nuestras historias? ¿O queremos que los auténticos dones que hay en nuestro interior tengan la oportunidad de brillar con fuerza?

* * *

Durante años tuve demasiado miedo como para ponerme de pie y reclamar mi parte, para hablar en público y contar lo que sé. Mi ego era tan frágil que temía la desaprobación de mis compañeros y las críticas de mis detractores. Pero un día, mientras estaba meditando, le pedí a Dios que me diera el valor para renunciar a mi miedo personal y que me permitiera entrar en un ámbito de servicio Universal. Esa noche, mientras estaba acostada en la cama, empecé a pensar en los líderes espirituales que habían sido importantes en mi vida y en mi desarrollo personal. Martin Luther King Jr. fue el primero que me vino a la mente. Pensé en todas las personas que lo querían y lo respetaban, así como en todas las personas que lo odiaban y lo despreciaban. Pero, ¿y si King hubiera mantenido su luz en secreto? ¿Y si hubiera ocultado al mundo su regalo? Luego pensé en Gandhi. Él también tenía muchos admiradores y muchos detractores. Me pregunté cómo sería nuestro mundo sin la presencia de esos hombres. Súbitamente, pude ver que todos los que habían tenido una voz o habían tenido un efecto en el mundo tenían personas que los querían y personas que los odiaban. Y aunque sabía que yo no era un Martin Luther King o un Gandhi, su valentía me mostraba que si quería tener un efecto en el mundo, yo también tenía que estar dispuesta a ser querida y odiada. Iba a tener que ser capaz de tolerar las críticas tanto como los elogios.

Después de eso, durante semanas, estuve pensando en la paradoja de todo ello. Intentaba frenéticamente excluirme de personas que habían dedicado sus vidas a ayudar y a sanar. Intentaba decirme que yo era un tipo de persona distinta, que era demasiado sensible y que nunca sería capaz de manejar ese tipo de ambigüedad. Deseaba desesperadamente creer que, en realidad, compartir mi regalo no era mi finalidad.

Probablemente tú también te has contado historias sobre por qué es mejor mantener tu secreto oculto que exponerlo a ser ridiculizado por el mundo. Quizás te dijeras que no podrías recibir todo ese amor y toda esa admiración que habían de llegar si te permitías ser verdaderamente magnífico. Pero esa es una mentira: es sólo otra historia. Ninguno de nosotros teme realmente a los elogios y al amor que son posibles si dejamos que brille nuestra luz. Aunque nuestro brillo podría hacer que nos sintiéramos incómodos, y aunque es posible que no nos sintamos merecedores de tanta atención, en lo más profundo cada uno de nosotros sabe que ese es nuestro derecho de nacimiento: nuestra auténtica expresión. Lo que verdaderamente tememos es la desaprobación de los demás, sus críticas duras, o que nos retiren su amor.

Acepta tu magnificencia

Para sentirnos lo suficientemente seguros como para poder mostrar nuestros dones, debemos dejar de juzgarnos a nosotros mismos y dejar de juzgar a los demás. Debemos permitirnos estar desnudos sin nuestras historias, sin nuestro pasado, sin nuestras críticas y nuestras justificaciones. Sólo entonces conoceremos nuestra verdadera esencia, y sólo entonces sentiremos la profunda paz de estar alineados con nuestro Yo más elevado. Entonces podremos relajarnos, bajar la guardia y disfrutar de la gloria de nuestra propia magnificencia.

Ha llegado el momento de crecer y estar dispuestos a aceptar que no gustamos a algunas personas. Ha llegado el momento de aceptar la realidad de que la aprobación de los demás no nos dará la seguridad o la aceptación que anhelamos. Únicamente el regalo que está en nuestro interior, el propósito Divinamente colocado, puede darnos la profunda satisfacción de saber que somos suficiente, que somos dignos de ser amados y que somos profundamente valiosos y buenos. Mientras sigamos necesitando de la aprobación de los demás, tendremos que encogernos y hacernos pequeños. Cuando éramos niños teníamos una idea de lo especiales que éramos. Pero luego lo estropeamos. Pensamos que la gente nos odiaría si nos permitíamos ser lo grandes y especiales que somos. La verdadera pregunta es: ¿Podemos perdonarnos por ser especiales, por nuestros dones y nuestro carácter único? Y, ¿podemos perdonarnos por haber aplastado nuestros dones?

El mundo te necesita. ¿Te has percatado de que te necesitan? ¿Has notado que tu ayuda realmente es necesaria? Estoy hablando de ti, de la parte de ti que anhela tener un efecto en el mundo. Este es el momento de dejar que se revele tu secreto, de preparar tu receta, de hornear tu pastel y de salir al exterior. Únete a la fiesta. Esta es tu oportunidad. Podrías hacerlo el año que viene, o incluso dentro de diez años. Pero no creo que sea una casualidad que estés leyendo este libro en estos momentos. Necesitamos que cumplas con tu parte. Necesitamos que dejes tus excusas y cumplas con la parte que te toca en este proceso y en el mundo.

Ahora te pido que me digas, ¿cuál es el secreto que oculta tu historia? ¿Que eres una persona espiritual? ¿Que eres magnífico? ¿Que eres valioso más allá de toda medida? ¿Que eres amor puro? ¿Que tu vida es fácil? ¿Cuál es el secreto que has estado ocultando de ti y de los demás durante todos estos años?

Ha llegado el momento de revelarlo. Ahora no hay peligro. Quizás antes sí lo hubiera, pero ahora puedes cuidar de tu secreto. Nadie te lo va arrebatar. Nadie puede hacerle daño. Ha llegado la hora de que te recompenses por todo el trabajo que has realizado. Solamente tú puedes darte permiso para respetar y contener ese secreto. Pon tu mano sobre tu corazón y di para ti que ahora puedes mostrar tu secreto sin peligro. Prométete que cuidarás de él y que lo tendrás en la más alta consideración. Prométete que lo honrarás y lo respetarás, y que te enfrentarás a cualquier cosa que se interponga entre tú y el preciado don que tienes. Siente lo que sientes ahora al incorporar tu secreto, al sacarlo de su escondite después de tantos años. Esta es una época para ser muy tierno contigo mismo, porque estás revelando tu posesión más valiosa. Este es un momento sagrado, cuando revelas tu secreto, quizás por primera vez, cuando permites que sea revelado al mundo. El momento es ahora.

De manera que ahora quiero que sepas que yo conozco tu secreto. Sé quién eres. Conozco los dones que traes y el efecto que tienes en este mundo. Considérate descubierto, pues aunque quizás no te conozco, sé que tienes un valioso don. Y sé que ese don es una pieza muy especial de este Divino puzle de la vida: un don que nadie en el mundo puede ofrecer, excepto tú. Desde lo más profundo de mi corazón, te pido que salgas de tu historia, que des a conocer tu secreto y que entregues tu valioso regalo al mundo ahora mismo.

Pasos de acción sanadores

1. Reserva un tiempo ininterrumpido para realizar la siguiente visualización. Antes de empezar, podrías salir a dar un paseo o tomarte un baño caliente para relajarte. Considera la posibilidad de poner un poco de música suave o de encender una vela para crear un estado de ánimo sereno. Luego cierra los ojos y empieza a dejar que tu atención se centre en tu respiración. Respira profunda, lenta y largamente unas cuantas veces, conteniendo la respiración durante cinco segundos o más y luego espirando lentamente. Haz esto cuatro o cinco veces hasta que tu mente empiece a silenciarse y a aquietarse.

   Evoca una imagen tuya de tu niñez, e imagina que te sientes feliz, seguro y completamente despreocupado. Debes verte como alguien que se expresa plenamente y se siente cómodo en su propio ser. Respira durante unos minutos dentro de esta imagen y luego hazte las siguientes preguntas, anotando las respuestas en tu diario:

   - ¿Cuándo ocultaste tu secreto?
   - ¿Qué temes que ocurra si dejas que brille la totalidad de tu luz?
   - ¿Cómo podrían beneficiarse las personas de tu familia, de tu trabajo y de otras áreas de tu vida si declaras tu verdadera magnificencia?

2. Escribe una nueva historia sobre tu vida. El tema de esta historia es que tu luz brilla con fuerza y el Universo danza en perfecta armonía contigo. Permítete ver cómo tu esencia Divina adquiere poder e inspira a todas las personas cuyas vidas tocas. ¿Qué

aspecto tendría, qué sensación te daría y cómo sería tu vida si revelaras tu secreto? ¿Cómo sería tu diálogo interno y qué mensajes te transmitirías a ti mismo?

3. Crea una afirmación de poder que puedas repetir para ti a diario; una que te ayude a vivir tu vida más magnífica.

4. Identifica cinco prácticas diarias que te ayuden a dejar brillar tu luz.

Pensamiento

«Disfruto de la gloria de
mi Yo más magnífico.»

Agradecimientos

A Liz Perle, mi querida amiga y editora. Gracias por creer en mí y en mi trabajo. Siempre me inspira la claridad de tu visión y el genio de tus palabras.

A Arielle Ford, mi hermana, que hace que mis sueños más disparatados se hagan realidad. Eres mi heroína. Te quiero y te respeto.

A Brian Hilliard y a Dharma Dreams, por mi asombroso cuñado y agente. Gracias por asegurarte de que me cuiden y por ser una persona tan inspiradora.

A Danielle Dorman, mi muy querida amiga. Gracias por tus grandes habilidades como correctora. Hiciste una enorme aportación a este libro. Te quiero y te aprecio.

A Katherine Kellmeyer, del Grupo Ford, por ser la mejor publicista que uno pudiera desear. Gracias por todos los años de orientación, apoyo y dedicación.

A mi madre, Sheila. Gracias por ser la mejor madre y abuela, por querernos tanto a todos y por ayudarme a hacer realidad mis sueños.

A mi hermano, Mike Ford, por interesarte tanto en mi trabajo. Tu sabiduría y tu generosidad siempre me inspiran.

A mi hijo, Beau, por recordarme siempre lo valiosa que es la vida.

A mi tía Pearl: me inspiras cada día con tu entusiasmo por la vida y por tu amor por nuestra familia. Me siento muy agradecida por el tiempo que pasamos juntas.

A Geeta Singh y a Talent Exchange. Nunca me había sentido tan apoyada por alguien como vosotros. Gracias por ser tan intachables.

A Cheryl Richardson, por tu corazón extraordinariamente generoso y por todo el amor, la orientación y la amistad que me das.

A Oprah Winfrey, por tener el valor de traer la sanación espiritual al mundo. Gracias por las magníficas oportunidades que me has dado y que le has dado a mi obra.

A Katy Davis, por todo tu apoyo, tu brillantez y tu profunda visión.

A Jack Mori, por ser un productor extraordinario y por tener el valor de aceptar un tema difícil y hacerlo accesible al mundo.

A Cindy Goldberg y Stacy Strazis, por el gran trabajo que hicisteis conmigo en los programas televisivos de *Oprah!* Vuestros grandes corazones y el amor que dais ayudaron a la sanación que tuvo lugar. Gracias.

A Sid Ayers, por hacer posible que me concentrara en escribir y en hacer mi trabajo. Debes saber que marcas una diferencia.

A Alizha Schwartz. Nadie nunca se ha interesado por mí como lo haces tú. Gracias por apoyarme y por querer tanto a Beau.

A Steve Hanselman, a Margery Buchanan, a Eric Brandt y a todo el personal de HarperCollins. Trabajar con vosotros es una gran alegría y un gran placer. Cada uno de vosotros ofrece una aportación única. Sois unos editores asombrosos y os quiero.

A Calla Devlin, mi publicista en HarperCollins. Me encanta tu luz y tu entusiasmo. Trabajar contigo es un sueño.

A Carl Walesa, por tu asombrosa corrección de manuscritos. Gracias.

A Stephen Samuels, por acercarte y ser lo suficientemente grande como para llevar esta obra al mundo. Estás haciendo un trabajo increíble e influyendo muchísimo en miles de vidas.

A los queridos participantes de mis programas de *coaching*. Nunca había conocido a un grupo de personas tan comprometidas y extraordinarias. Cada uno de vosotros tiene un gran efecto en mi vida y en mi trabajo.

A Cliff Edwards, por tener una influencia tan grande en las vidas de tantas personas. Gracias por tu profundo compromiso en sanarte y sanar al mundo.

A Justin Hilton. Qué privilegiada soy de tenerte como a un amigo tan querido y compañero espiritual. Eres un hombre extraordinario.

A Patrick Dorman. Gracias por salir de tu historia y mostrar la magnificencia de tu ser. Me siento verdaderamente honrara de estar en este viaje contigo.

A Luba Bozanich. Tu extraordinario compromiso de trascender el dolor y el sufrimiento es una gran inspiración para mí. Gracias por ser quien eres.

A Bea Bigman. Tu luz y tu amor siempre provocan una sonrisa en mi rostro. Gracias por todo lo que has dado a la comunidad de personas a las que tanto quiero.

A Neale Donald Walsch, a Deepak Chopra y a Marianne Williamson, por ser unos amigos y maestros tan asombrosos y apoyarme tanto.

A Divina Infusino, por ayudarme a organizarme y a realizar este libro. Tu pasión por este trabajo me inspiró.

Al rabino Moshe Levin, que tan generosamente comparte su inmensa sabiduría conmigo. Gracias por el amor y el apoyo que ofrece a mi familia y a mí.

A David Simon y a todo el personal de The Chopra Center for Well Being. Gracias por todo vuestro amor, vuestro apoyo y vuestra dedicación para sacar esta obra al mundo.

A Jeremiah Sullivan por estar siempre a la altura de las circunstancias y por sacar lo mejor de mí. A Robert Bennett por ser un perfeccionista tan maravilloso. Me encanta mi foto.

A Natalie Snyder y a Tony Fiorentino por permitirme sumirme en mi «historia del pelo» y por quererme de todos modos. Los dos sois unos artistas brillantes.

A Henrietta Rosenberg. Gracias por ser una gurú del yoga tan increíble y por estar siempre ahí cuando te necesito.

Al Coffee Cup Restaurant y a su propietaria mágica, Marla Reif, por proporcionarme una comida magnífica y un rincón acogedor donde corregir las páginas de este libro.

A las almas sabias y generosas que tan abiertamente contaron sus vidas para que otras personas pudieran ser transformadas por sus historias. Gracias por vuestra inmensa aportación a este libro.

Al Espíritu que me habla, me guía, me quiere y me permite hacer lo que hago en el mundo. Gracias por tu ayuda. Me siento honrada de ser útil.

* * *

Para contactar con Debbie Ford y para obtener información sobre sus talleres, escribir a:

Debbie Ford
P.O. Box 8064
La Jolla, CA 92038
800-655-4016
www.debbieford.com

En memoria de Paige Farley Hackel,
quien tuvo el valor de vivir fuera de su historia.
Vivirás para siempre en los corazones de tu comunidad
en el Ford Institute for Integrative Coaching.

Índice

1. Tú y tu historia.......... 9
2. Tu receta única.......... 31
3. Explora tu historia magnífica y misteriosa.......... 45
4. Por qué te aferras a tu historia.......... 65
5. Reclama tu poder.......... 81
6. El poder del proceso.......... 99
7. Haz las paces con tu historia.......... 121
8. Encuentra tu especialidad única.......... 143
9. Vivir fuera de tu historia.......... 167
10. El secreto de la sombra.......... 183
Agradecimientos.......... 201

ROMPIENDO LAZOS

Olga Menéndez

El propósito de este libro consiste en introducir al lector en el mundo sutil y energético que existe más allá de nuestra percepción. Se trata de una invitación para reconciliarnos con nuestro cuerpo emocional y así poder resolver esos bloqueos energéticos que muchas veces son la causa de nuestra desdicha, de nuestras enfermedades y, peor aún, de nuestras múltiples encarnaciones.

Todos estamos envueltos en madejas de lazos orgánicos, energías estancadas de muy bajas vibraciones causadas por las emociones negativas, que nos impiden avanzar y desarrollarnos. A través de este libro, Olga Menéndez nos muestra todos los vínculos emocionales negativos que arrastramos a lo largo de nuestra vida, y sobre todo nos enseña una metodología eficaz para aprender a liberarnos de estas ataduras y vivir de manera más plena y realizada.

Conocer nuestros vínculos energéticos es el primer paso para independizarnos y caminar libres, ligeros y felices.

LÍMITES

Anne Katherine

Los límites son esenciales para tener relaciones sanas y una verdadera intimidad. Sin embargo, cada día vemos cómo nuestros límites personales son violados, a veces por familiares o por compañeros de trabajo y otras, incluso, por amigos. A pesar de la importancia de los límites personales, mucha gente no es consciente de cuándo o cómo se cruzan estas líneas.

Límites: donde tú terminas, yo empiezo es ya un libro de referencia. En él, Anne Katherine demuestra cómo defender los límites personales garantiza nuestro bienestar además de definirnos como seres únicos.

En *Límites: donde tú terminas, yo empiezo*, Anne Katherine explica cómo defender tus límites además de cómo darte cuenta cuándo están siendo violados y de lo que puedes hacer para protegerte.

Con este libro aprenderás a establecer y proteger tus límites personales y recuperar la intimidad perdida.

LA LEY DE LA RESONANCIA
Pierre Franckh

¿De verdad pueden cumplirse todos los deseos? ¿Son el pasado y el futuro una sola cosa? ¿Podemos llegar incluso a modificar el ADN mediante la fuerza del pensamiento? ¿Se puede crear la realidad?

Ha llegado el momento de explorar uno de los principales secretos de la vida: la ley de la resonancia. Sólo podemos atraer a nuestra vida aquello que está en resonancia energética con nosotros mismos. Cada pensamiento queda plasmado en un plano sensorial: tanto los que prometen belleza y abundancia, como los más oscuros y negativos. La ley de la resonancia actúa constantemente. Su fuerza se conoce desde los albores de la humanidad, pero sólo ahora se ha hecho accesible para todos. ¡Déjate llevar por Pierre Franckh al fascinante mundo de tus propias posibilidades!

Este apasionante libro tiende un puente entre la sabiduría ancestral y los últimos descubrimientos de la ciencia moderna.

EL ASIENTO DEL ALMA

Gary Zukav

El asiento del alma trata del nacimiento de una nueva forma de ver el mundo, de estar en él, de la expansión de la percepción humana más allá de los cinco sentidos. Describe los valores del alma, de la armonía, de la cooperación y de la "reverencia" por la Vida. Defi ende el poder auténtico –el poder interior–, frente al poder externo, y nos habla de la necesidad de sintonizar personalidad y alma. Nos acerca a nuestros guías y a los Maestros no físicos.

El asiento del alma está escrito para el mercado más grande y de más rápido crecimiento que el mundo haya visto jamás, dado que algo nuevo está surgiendo en nuestro interior. El asiento del alma trata de este nacimiento, de lo que signifi ca y de cómo participar en él desde la sabiduría.

LA ALQUIMIA DEL CORAZÓN
Michael Brown

La causa de las cosas que ocurren en nuestra experiencia cotidiana no está fuera de nosotros en los actos de los demás, sino dentro de nosotros. Durante nuestros primeros años de vida, el estado emocional de las personas que son responsables de nosotros nos deja una huella. Sus sentimientos se superponen a la esencia de quienes somos, de manera que aprendemos a comportarnos como ellas en lugar de crecer para convertirnos en nosotros mismos.

En *La alquimia del corazón*, se nos pide que seamos conscientes de la forma en que esas huellas se grabaron en nosotros y cómo influyen en nuestro comportamiento. Para corregir este rumbo debemos seguir al corazón. A través de su lenguaje, el corazón nos permite reeducarnos y nos libera de manera incondicional al amor. El corazón es nuestro puente a la dimensión vibracional de la realidad, que es experimentada como consciencia.

Este viaje consiste en permitirnos sentir la vida en todo momento, en estar presentes y despiertos siempre. Es una oportunidad única para participar de manera activa, responsable y creativa en nuestras vidas.

DECISIONES E ILUSIONES
Dr. Eldon Taylor

Decisiones e ilusiones cuenta la historia del viaje de un hombre a la búsqueda del funcionamiento de la mente humana y de nuestra razón de ser. La aventura es tan emocionante como el mejor de los descubrimientos científicos. El enfoque de Eldon Taylor es pragmático, y sus conclusiones son fuente de inspiración y motivación. Durante este apasionante viaje, el lector leerá historias extraordinarias sobre la intervención divina, verá por qué piensa y hace lo que realmente no desea hacer, y entenderá el mensaje de que nunca es demasiado tarde para ser feliz y tener éxito.

> *«Muchas personas creen que los libros de autoayuda y de superación personal son para los pobres que quieren ser ricos, los que no consiguen tener éxito en la vida, cuando en realidad proponen un viaje hacia el conocimiento interior válido para todo tipo de persona. Dentro de cada ser humano existe una verdad eterna y un propósito existencial. Usar el poder de la mente signifi ca simplemente encender el motor hacia ese camino que lleva a la realización personal».*
>
> ELDON TAYLOR

Un libro de autoayuda y superación personal que enseña a alcanzar el éxito a través del poder de la mente.

Si lo desea puede enviarnos algún comentario sobre

EL SECRETO DE LA SOMBRA

Esperamos que haya disfrutado con la lectura y que este libro ocupe un lugar especial en su biblioteca particular. Dado que nuestro principal objetivo es complacer a nuestros lectores, nos sería de gran utilidad recibir sus comentarios, enviando esta hoja por correo, fax o correo electrónico a:

EDICIONES OBELISCO
Pere IV 78, 3° 5ª
08005 Barcelona (ESPAÑA)
Fax: (34) 93-309-85-23
e-mail: comercial@edicionesobelisco.com

✍ Comentarios o sugerencias:

✍ ¿Qué le ha llamado más la atención de este libro?

✍ ¿Desea recibir un catálogo de nuestros libros? (Válido sólo para España.)

❒ SÍ ❒ NO

✍ ¿Desea recibir nuestra agenda electrónica de actividades?

❒ SÍ ❒ NO

Si desea recibir **NUESTRA AGENDA ELECTRÓNICA** de actividades con conferencias, talleres y eventos, además del boletín con las nuevas publicaciones, puede darse de alta automáticamente en nuestra web **www.edicionesobelisco.com** y facilitarnos sus datos en el apartado Suscríbase.

Nombre y apellidos:
Dirección:
Ciudad: Código Postal:
Provincia/estado: País:
Teléfono: E-mail:

¡Gracias por su tiempo y su colaboración!

Martha

9020 SW 188 Terra

M. F 33157

moo 15-11-13

199.40

arreglo

1-33.33

29-

13-12

27-12

10-01

24-01

(303) 537 29900

EXT 3010 MARISOL

Saldo 120 Ter fin?

Cobrar Br 200

agosto finalizado